スラッジ

不合理をもたらすぬかるみ

キャス・R・サンスティーン

土方奈美 訳

SLUDGE

What Stops Us from Getting Things Done and What to Do about It

CASS R. SUNSTEIN

早川書房

スラッジ

——不合理をもたらすぬかるみ

SLUDGE

What Stops Us from Getting Things Done and What to Do about It

by

Cass R. Sunstein

Translated by
Nami Hijikata
First published 2023 in Japan by
Hayakawa Publishing, Inc.
This book is published in Japan by
direct arrangement with
The Wylie Agency (UK) Ltd.

装幀／コバヤシタケシ

Sludge【名詞】軟泥、泥、（下水）汚泥、スラッジ、ヘドロ、ぬかるみ

【リーダーズ英和辞典 第3版】

目次

序文

本書は失敗から生まれた。

バラク・オバマ政権時代、私はホワイトハウスの情報・規制問題室（ＯＩＲＡ）の室長を拝命した。総勢五〇名ほどの目立たない組織だが、アメリカ政府で重要な役割を担っている。医療、環境保護、市民権、高速道路の安全性、労働衛生、食品衛生、農業、さらには国土安全保障まで、さまざまな分野の規制のあり方を監視する立場にある。ただ、もとはと言えば一九八〇年に制定された「書類作成負担削減法」（ＰＲＡ）に基づいて創設された組織で、その中核的ミッションの一つがその名のとおり、書類作成の削減だ。

ここで失敗の話に戻る。ＯＩＲＡで働いていた間、私はスケールの大きい、耳目を集めるような問題に集中していた。経済成長、医療制度改革、金融の安定、気候変動、大気汚染に水問題、人種差別や性差別、公衆衛生、高速道路の安全性など。もちろん、書類作成負担の削減も重要だったが、最優先課題ではなかった。

この判断は間違ってはいなかったが、正しかったと言い切ることもできない。多くの国民に恩恵をもたらす可能性のあったさまざまな公的制度が、あまりに書類作成負担が重いためにうまくいかなかった。行政手続きの負担によって経済成長が抑制されたり、社会的不公平が広がったりすることもある。人々が病気になることさえある。

伝統ある大企業から立ち上がったばかりのスタートアップ企業まで、企業が被害者となることもある。労働許可など許認可を必要とする人が犠牲になることもある。健康状態が悪い人、障害のある人、うつ病を患っている人、高齢者や貧困層など、社会で最も弱い立場にある人々が苦しむこともある。ときには書類作成やそれにともなう負担が、女性や有色人種など特定の集団に偏ることもある。私が仲間とともにこうした「スラッジ（ぬかるみ）」の問題に真剣に取り組みはじめたのは、四年の任期も終わりに近づいたころで、遅きに失し、まったく不十分だった。

その後も私達は、書類作成負担のもたらすさまざまな弊害について学んでいった。長い待ち時間、報告義務、承認プロセスなどだ。現場で起きている問題もあった。公務員が市民に次々と無理難題を突きつけて、苦境に追い込んでいるといったことだ。人々のモノの考え方やその限界にかかわる問題もあった。書類作成負担がきわめて有害な理由はここにある。民間部門にも多くの問題があった。民間企業が顧客や従業員にスラッジを押しつけ、不利益をもたらしている。

書類作成やそれに伴う要求事項が、どれほどの弊害を引き起こしているか、当事者がまったく気づいていないことも多かった。一方、そうした弊害があることを重々承知したうえでスラッジを課しているケースもあった。病院、企業、大学など、そうした組織は少なくない。

市民に面倒な手続きを強いると、想定外のものも含めてありとあらゆる問題が起こる。当然想定される問題の一つが、多くの人が手続きそのものを諦めてしまうことだ。それは合理的で、生きていくうえで仕方のない判断かもしれないが、紛れもない悲劇だ。幸い、そうした状況を改善するためにできることはたくさんある。

本書の構成を説明しよう。第一章では重要な概念を説明し、さらに根本的問題を手短に述べる。第二章では特に行動科学を参照しながら、なぜスラッジがこれほど有害なのかを見ていく。とりわけ惰性あるいは無気力、現状バイアス、欠乏（経済的欠乏ではなく認知的欠乏）の問題に注目する。三つが組み合わさると、その効き目は強力で、誰も意図しなかったような深刻なスラッジの弊害が生じる。

第三章ではスラッジがアーキテクチャ（環境）の産物であることを説明する。アーキテクチャは意図的なケースもあれば偶然のこともあるが、いずれにせよ結果に重大な影響を及ぼす。それを変更するのは決して難しいことではない。第四章では社会給付制度、許認可制度、学生ビザ、憲法上の権利などを題材に、スラッジの生み出す残念な状況を見ていこう。立場や価値観が違えば、さまざまな分野でどれほどの行政手続き負担を課すべきかという考えも違うだろう。しかし、ことスラッジについては、基本的立場が大きく違う人々が同じ目標を持てる余地は十分にある。

第五章ではスラッジの存在を正当化する理由を考える。その最たるものが「制度の公平さ」を守ることだ。つまりスラッジはさまざまな公的制度を申請する人々に、その恩恵を享受する資格が本当にあるのか確認する手段となる。権利のない給付を受け取る人がいてはならない。スラッジは不正受給を防ぐのに役立つ。

記録管理もスラッジの重要な目的となりうる。官民の組織はさまざまなプログラムがうまく機能しているか、状況を把握するためにスラッジを課す。さらにスラッジは浅はかな行動や衝動的な行動を防ぐ手段にもなる。申請者が本気でその行動をしたいと思っているのか、確認するのだ。スラッジの正当な使用方法を振り返る第五章は、スラッジに対するバランスのとれた考え方を取り戻すための議論と考えてほしい。

第六章では「スラッジ監査」という概念を詳しく解説し、その導入が大きな恩恵をもたらす可能性があることを強く訴えていく。政府は積極的にスラッジ監査を実行すべきだ。同じことが民間の企業や組織についても言える。それによってお金や時間のムダを大幅に減らし、（自社の従業員を含めた）大勢の人の幸福度を高められるだろう。また第六章では政府のあらゆる分野で実施すべき法改正についても議論する。念頭に置いているのはアメリカだが、他の国々でも同じような改正が進むことを願っている。

第七章は簡潔なマニフェストだ。人間に与えられた一番大切なものとは何か、改めて明確にしたい。

第一章　社会の前進を阻むスラッジ

おそらくみなさんも人生において、スラッジに足を取られたことがあっただろう。スラッジはみなさんがやりたいことをやる、行きたいところへ行くのを阻む、摩擦あるいは抵抗でできた「魔のぬかるみ」だ。[1]本書の第一の目的は、なぜスラッジがそれほど有害であるかを理解すること、第二の目的はその害を抑えるために何ができるかを考えることだ。

民間組織も公的機関もスラッジを生み出す。小企業も大企業も、政府や地方自治体も、スラッジを生み出す。国連、欧州委員会、世界銀行も同じだ。弁護士もスラッジの発生源となる。裁判所も然り。医師や病院も生み出す。もちろん銀行もスラッジをつくる。スラッジ問題の深刻さは国によって異なるが、地球上のあらゆる国家に存在する。本書では主にアメリカの状況を見ていくが、基本的な教訓は多くの国に当てはまる。スラッジは人々をとりまく環境に埋め込まれているので、一つひとつ除去していく必要がある。

スラッジは経済的ダメージを引き起こすことが多い。公衆衛生を蝕むこともあり、最悪の場合は犠牲者が出る。日々の教育にも悪影響を及ぼす。多くの人の教育を受ける機会を奪うのだ。経済成長も阻害する。雇用を減らし、起業家精神やイノベーションの芽を摘む。患者、保護者、教師、医師、看護師、従業員、顧客、投資家、そして何かを生み出そうとする人々を苦しめる。投票する権利や、人種や性別によって差別されない権利など、基本的人権を侵害する。スラッジは社会全体に不公平をまき散らす。

スラッジは人間の尊厳を傷つけることもある。スラッジに立ち向かい、乗り越える方法を探さなければいけないとき、人は屈辱感を抱く。カフカの小説にはスラッジのために思うように生きられない人々、苦境から逃れられない人々の姿が描かれている。スラッジのために投票権を得られない、あるいは何らかの許認可を受けられないと、自分が意味のない存在に思えるのではないか。金銭的に苦しい立場にある人々はスラッジに悩まされる。スラッジは万人にダメージを及ぼすが、とりわけ病気の人、高齢者、障害者、貧困層、あるいは学歴が低い人にとっては大きな負担となる。

二〇二〇年にカリフォルニア州ウエスト・サクラメント市が、この呪縛を解くためのささやかな一歩を踏み出した。市内在住のすべての高校生が、コミュニティ・カレッジ（公立の二年制大学）に無条件に入学できるようにしたのだ（しかも二〇〇ドルの奨学金付きで）[2]。クリストファー・キャバンダン市長はこう語った。「これまで誰も大学に進学したことのない家庭に生まれた子供が、大学入学許可証と奨学金給付の手紙を受け取ったらどんな気持ちになるか、想像してほしい」。そしてこの新たな取り組みによって「高校から大学へ進学することが、幼稚園から小学一年生に上がるのと同じぐらい簡単になる」と付け加えた。

これから見ていくとおり、自動的に大学に入学できるようにするという発想は、行動科学に根ざしている。出願手続きというささやかなスラッジでも、重大な影響を及ぼしうる。スラッジを取り除くことが、多くの高校生の大学進学を後押しするという発想は理にかなっている。もっと多くの首長らが同じ取り組みを進めるべきだ。

スラッジは私達の暮らしのあらゆる領域に存在する。たとえば以下の事例を考えてみよう。

一　貧困家庭の学生には、大学で学ぶための資金援助を受ける資格がある。ただ援助を受けるには書類に記入する必要ある。そこには何十という質問が並んでいて、なかには多くの学生にとって答えるのが難しいものもある。その結果、援助を申請するのを諦めてしまう学生もいる。

二　法律に基づいて医療給付を受けるためには、複雑なウェブサイトで登録を済ませなければならない。そもそも質問の意味が理解できない申請者も多い。作業に長い時間もとられる。このため申請を諦める者もいる。

三　消費者が欠陥商品への苦情を申し立てようとしても、手続きに長い時間がかかる。申請フォームにはどこで商品を購入したのか、どのような使い方をしたのかといった詳細な情報を記入しなければならない。そうした情報を簡単に入力できない消費者もいれば、プライバシーを侵害されるのではないかと不安を感じる者もいる。こうして多くの消費者が申請フォームに記入すること自体をやめてしまう。

四　ジョージア州では投票するために長蛇の列に並ばなければならない。ときには投票できるまで四時間以上かかることもある。そんなに時間的余裕がない有権者も多く、それだけ待たされるのは苦痛だと感じる人もいる。投票所に足を運ばない人もいれば、一時間並んで諦める人もいる。

五　携帯電話会社は一部の製品に、申請書を郵送すれば還付金を受けられる特典を付けている。還付金が二〇〇ドルに達する製品もある。電話会社は多くの消費者が還付金に魅力を感じて製品を購入すること、ただ結局申請書に記入して郵送する人は少ないことをよくわかっている。

六　壊れたノートパソコンを修理に出すには、まずカスタマーサービスに電話をかけ、予約を入れなければならない。予約した店に足を運ぶと、今度はさらに長時間待たされることが多い。待ち時間が二時間に及ぶケースもある。

七　ある大学教授が学術誌から論文の査読を頼まれたとする。ただそのためには、まず学術誌のウェブサイトで登録を済ませる必要がある。登録がわかりにくく複雑なので、結局論文の査読は断ってしまう。

なかには些細なケースもあるが、重大なものもある。そのすべてにスラッジがかかわっている。これまで公的機関から許認可を受けようとしたことがある人ならスラッジを経験したことがあるはずだ（運転免許を取得するためには、スラッジを乗り越えなければならない。スラッジはわずかなこともあれば、膨大なこともある）。

だがスラッジという言葉は、具体的に何を意味するのか。

スラッジとは、人々が何かを手に入れようとするときにそれを邪魔立てする、摩擦のようなものと考えるとわかりやすいのではないか。多くのスラッジは、待ち時間をともなう（現場で、電話で、あるいはオンライン上での待ち時間）。報告の負担もともなう（暮らしぶりを説明する週次報告書の記入など）。給付金、医療、雇用、ビザ、許認可、あるいは何らかの命にかかわる支援を受けようとしているときには、手間のかかる、あるいは内容の重複する申請手続きを何度もしなければならないこともある（ここにはネットで費やす膨大な時間も含まれる）。対面式の面接を受けなければならないなど、スラッジはあちこちへの移動を強いることも多い。

スラッジはわかりにくい行政手続きというかたちをとることも多い。必要な情報を集めたり、誰に連絡すべきかや、自分が何をしなければならないかを確認したりといったことだ。許認可手続きをともなうケースも多い。役所はもちろん（特定の書類や計画に関係者一〇人の署名を集める必要がある、など）、民間部門もそうだ（民間の大学や病院なども）。医師、看護師、パイロット、トラック運転手、飛行機の客室乗務員になるための教育・訓練の要件もスラッジとみなすことができるが、これはもちろん正当なものだ。

スラッジには「お役所仕事」（これ自体は曖昧な言葉だ）も含まれるが、それに限った話ではない。たとえば投票するために長蛇の列に並ばなければならない、あるいは免許を取得するために役所に面談に行かなければならないというのは、一概にお役所仕事の弊害とはいえないが、やはりスラッジだ。スラッジは官僚主義とイコールではないが、重なる部分は多い。エネルギー省は官僚機構ではあるが、その存在自体はスラッジではない（ただし多くのスラッジの発生源ではある）。

スラッジは経済用語でいう「取引コスト」の一種ととらえることもできる。ただし取引コストという「家」にはたくさんの部屋があり、スラッジとは呼べないものもある。たとえば弁護士費用や、証券や不動産などの仲介業者に支払う手数料は、取引コストの代表例に挙げられることが多いが、スラッジではない。コロンビア大学ロースクールのエリザベス・エメンス教授の提唱する「管理業務（admin）」という重要な概念にはスラッジが含まれてはいるが、スラッジではない管理業務もある（家事労働など）[3]。

スラッジという言葉は厳密に定義されておらず、未解決の問いもある。ただ定義にこだわりすぎないほうが良い、と私は思っている。スラッジの必要条件、十分条件を整理するのは困難な作業だが、私達が直面していることがスラッジか否かというのは、通常その時々のコンテクストに照らすとはっきりわかる。[4] 概念を明確にするために、純粋な金銭的インセンティブ、あるいはディスインセンティブはスラッジに含めるべきではない。たとえば消費者が保険に加入するため一定額の支払いを求められる場合、医療サービスを受けるために申請費用を負担する場合、あるいは少額の上乗せ金を支払えば飛行機で良い座席にアップグレードしてもらえる場合などは、不満を感じるかもしれないが、いずれもスラッジに直面しているわけではない。また何かを禁止するのもスラッジではない。公共の場での喫煙禁止は、スラッジの問題ではない。

市民に課された義務がスラッジにあたるか否かは、具体的に何が義務づけられたかで決まる。スラッジそのものが義務づけられたのだろうか。たとえば医療保険への加入が義務づけられている場合、その加入手続きがどれほど煩雑であるか（膨大な書類の作成を要求するなど）によってスラッジかどうかは異なる。一方、うつや不安に悩まされている人が医師の診察を受けるのに不要な手続きを求められるとしたら、それは明らかにスラッジだ。「グローバルエントリープログラム」（アメリカの事前入国審査制度で、スラッジを削減するすばらしい仕組みだ）を利用するには、膨大な書類に記入し、面接審査を受けなければならない。そこはスラッジだ。将来経験するスラッジを大幅に減らすために、今多少のスラッジを我慢するわけだ。

少し前、私はとある大規模大学に通う学生たちに、大学の提供する医療保険について尋ねたことがある。改善点はないか、と。二人の学生がメンタルヘルスの問題を挙げた。精神の不調を感じて医師の予約を取ろうとすると、二カ所に電話をかけたうえで複雑な書類に記入しなければならない。メンタルヘルスの問題を抱えている人は社会的に白眼視される傾向があり、そんな状況で苦しんでいるときにスラッジに対処するのは酷だ、と言う。

このうち一人の学生はしばらくスラッジと苦闘した末に、予約を取ろうと努力すること自体に意味がないと諦めたという。この学生は悲劇的結末を迎えることはなかったものの、世界中でメンタルヘルスに苦しむ人々はスラッジへの対処を迫られている。その結果、受診を諦める患者も多い。

スラッジは常に害悪なのかといえば、もちろんそんなことはない。スラッジは過剰なこともあれば、足りないこともあるし、ちょうどいいこともある。たとえばあなたが人生において何か重大な決断を下そうとするとき（離婚など）、スラッジは歓迎すべきものかもしれない（この点についてはのちほど詳しく述べる）。ネットで「本当に○○してよろしいですか」と質問を受けるのは面倒かもしれないが、そこには個人的にも社会的にもメリットがある。重要なファイルを本当に削除したいのか、法的権利を放棄したいのか、怒りにまかせて書いたメールを誰かに送り付けたいのか、ソーシャルメディアに何らかの投稿をしたいのか。そうした問いに答える手間は、間違いや軽率な行為を防ぐための負担ととらえることができる。スラッジが存在する正当な理由についてはのちほど詳しく述べる。ただ本書は基本的に、スラッジを推奨するのではなく、なくそうとする立場だ。

ナッジとスラッジ

ここまで読んで、ナッジとスラッジの関係を知りたい、と思っている読者もいるだろう。まずはオリエンテーションから始めよう。ナッジとはもともと注意喚起のために「ひじでそっと突く」という意味で、行動経済学の世界では官民を問わず、人々を特定の方向に誘導しようとしつつ、最終的決定は本人に委ねる取り組みだ。リマインダー（注意喚起）や警告はナッジである。GPS端末もユーザーを特定の方向にナッジする。市民やユーザーに特定のプログラムを自動的に加入させるデフォルト設定もナッジだ。

ナッジの条件として、高額の金銭的インセンティブ（あるいはディスインセンティブ）を伴わないという点が挙げられる。ナッジ推進派は「特定の行為を容易にすること」の重要性を説く。行動変容が目的ならば「なぜ人々は今その行動をとらないのか」と考えてみるべきだ。答えがわかれば、障害（それがスラッジのこともある）を取り除くための手を打てばいい。

ナッジは良い目的にも悪い目的にも使われる可能性があることを指摘しておくべきだろう。デフォルト設定によって、消費者のニーズに合わないような医療保険契約に誘導することもできる。携帯電話やノートパソコンを購入しようとする消費者に、まったく利益のない保証契約がひな型として用意されることもある。行動科学を利用した広告によって、消費者はタバコやアルコールの購入など、健康にマイナスな行動に向けてナッジされることもある。ナッジは道具だ。その点、補助金、罰金、犯罪抑制策と変わらない。

ナッジを評価するためには、どのような成果がどれほどのコストで得られているのか、福祉の観点から把握する必要がある。検証する最良の方法は簡単だ。「ナッジは人々の福祉を向上させているか、生活を向上させているか」と尋ねればいい。もちろん福祉という概念を具体的に定義する必要がある。多くの人が公正な分配を大切だと考え、社会の最も弱い立場にある人々の福祉に配慮すべきだと考えていることも重要だ[5]（優先主義）。

軽率な行動を防ぐための仕掛けは、（有効な）ナッジともスラッジともとれる。人々が衝動的ではなく、熟慮した行動をとるよう後押しするように設計された施策だ。次の記事の見出しは、その効果を端的に表している。「拳銃購入の待機期間が銃による死者を抑制する」[6]。

こう考えると、有効なナッジのなかには摩擦を減らす（特定の行動を後押しする）ものもあれば、摩擦を増やす（特定の行動を妨げる）ものもあることがわかる。摩擦を増やすナッジは人々にじっくりモノを考え、特定の行動（商品やサービスの購入、保険契約や支払計画の変更、重大な意思決定など）を冷静になって考え直すことを目的としているという意味で、「熟慮を促す効果」がある。消費者行動のコンテクストにおいて、熟慮を促進するナッジは好ましい。ナッジの重要な活用法であり、より多くの状況で取り入れるべきだ。

以上の議論から、ナッジとスラッジは以下の四タイプに分類できる（表1を参照）。（2）はナッジとスラッジが重なり合う分類で、ここについて述べたいこともたくさんあるが、本書の主な関心事は（4）だ。もちろん各分類の定義については、さらに詳しい議論も必要だろう。ただ（複雑なウェブサイト、膨大な質問リスト、難しい語彙や表現、誘導的言葉遣いなど）何かしようとする人の妨げとなるものは、間違いなくスラッジだ。

スラッジとの闘い

二〇二〇年、アメリカ政府は新型コロナウイルス・パンデミックへの対応の一環として、スラッジとの闘いを始めた。国民の多くは気づかなかったが、闘いは確かに行われたのだ。

表1

	摩擦　小	摩擦　大
良性	（1）「行動を容易にする」有用なナッジ（例：簡素化、空港の地図、優れた年金運用プランへの自動加入）	（2）熟慮を促進するナッジまたはスラッジ（例：「本当に○○したいですか」、冷却期間、待機期間の設定）
悪性	（3）「行動を容易にする」有害なナッジ（例：コストの高い不要なプランへの自動加入）	（4）スラッジ（例：膨大な書類作成、運転免許やビザ発行までの長い待ち時間）

当局は医師、看護師、病院、患者、そして官民のエッセンシャル・サービスの受け手に課されてきた行政手続きの負担を軽減するため、短期間のうちに積極的な対策をいくつも打ち出した。スラッジについても、行政の意識がパンデミックに集中した結果、目覚ましい改革が迅速に行われた。いくつか例を紹介しよう。

・「補助的栄養支援プログラム」（かつては「フードスタンプ」と呼ばれた低所得者向け食費補助制度）では長年、申請者は面談を受けないと受給を認められなかった。だが制度を所管する農務省はこの要件を免除し、各州が受給資格のある人々への給付を実施することに「全面的容認」を与えた。[7]

・内国歳入庁は当初、「ファミリー・ファースト新型コロナウイルス対策法」で定められた現金給付を受け取りたい人は、所得税申告書を提出しなければならない、としていた。しかし給付対象には、本来所得税申告書を提出する必要のない社会保障受給世帯も含まれていた。このスラッジが適用されれば、法的に現金給付を受ける資格のある世帯の多くが、給付を受け取れなくなる可能性もあった。結局、国民からの圧力に加えて、そのような方針の愚かしさに気づいたのか、財務省は方針を転換し、社会保障を受給している世帯は自動的に給付を受けられることにした。

・最も積極的なスラッジ削減策を打ち出したのは、保健福祉省だ。[8] 数々の書類作成、報告、監査要件が撤廃された。特筆すべきは、何十という医療サービスにおいて遠隔医療が認められたことだ。当局の表現を引用すると「医師が義務づけられているリハビリ施設やホスピス、在宅医療の患者との対面診療の代わりの手段として、遠隔医療を認めた」。それに加えて政府は、検査技師が検体を回収するために患者宅まで足を運んだ場合の費用の支払いを、メディケア（高齢者向け医療保険制度）に認めた。患者が検査のために医療機関を訪れる必要（そしてコロナウイルス感染のリスク）をなくしたのだ。

・食品医薬品局（ＦＤＡ）はさまざまな領域で各州の裁量を大幅に拡大した。たとえばニューヨーク州保健局には、これまではＦＤＡの正式な認可（その取得プロセスはスラッジとなる）がなければ患者を検査することのできなかった場での検査を認めた。[9]

なぜこれほどの進展があったのか。パンデミックをきっかけにスラッジ撲滅が進んだ一因は、費用対効果の前提が変わったことだ。大勢の国民が病気になったり、貧困に陥ったりする状況のなか、書類作成などの行政手続きの弊害が看過できなくなった。

平時であれば多少時間がかかっても、申請者に受給資格があるか確認するため、または社会的に好ましくない事態が発生するのを防ぐために、面倒な書類手続きを課すことは容認できる、あるいは理解できるかもしれない。だが多くの人が命の危険にさらされている状況では、一〇〇％正確ではない方法、理想的とはいえない予防手段でも受け入れるべきだ。それは命を救うための対価といえるかもしれない。

一般的に公的機関（に限らないが）はスラッジを課すとき、それが正しいか否か、何らかの判断を下している。判断は直感的で、比較的大雑把なケース、つまり数字的根拠がないこともある。社会給付を受けたいなら、自分にその資格があると証明するために面接に出向くくらいはしてもいいだろう、といった考えに基づいていることもある。反対に、エビデンスに基づいて、どの程度のスラッジを課すかが決定されることもある。しかし状況が変化すれば、スラッジの量が適正ではなくなることもある。スラッジが引き起こすダメージは、目に見えないことも多い。パンデミックの際はダメージが誰の目にも明らかになった。

今回、スラッジ撲滅が大きく進展したもう一つの理由は、もっと漠然とした、それでいて本質的なものだ。コロナ禍では数えきれないほどの人が自らの健康や財政状態について脅え、混乱し、途方に暮れ、不安を抱いていた。自宅で幼い子供の世話をしながら、病人や高齢の友人や親戚の面倒を見ていた人もいる。自分自身が病気を患っていた人もいる。誰もが脅え、不安で頭がいっぱいで、政府か民間のものかにかかわらずスラッジに対処するような心の余裕はあまりなかった。スラッジに負けてしまう可能性もあった。それも自らの経済状態や健康を支えるはずの大切な制度を申請する場面で。

もちろん平時であっても、同じような状況にある人はたくさんいる。だからコロナの年にかかわらず、スラッジとの闘いはいつだって必要なのだ。[10] スラッジが蔓延している国家や自治体で最も困るのは、住民がそれに慣れてしまうことだ。自らを取り巻く状況に合わせて期待値を修正していき、不満さえ言わなくなる。[11] スラッジが人生における「作りつけの家具」のような、当たり前の存在になる。

しかしパンデミックのさなかにはスラッジの弊害があまりにも大きくなり、何百万人もの人々がスラッジに対処する余裕を一気に失った。作りつけの家具は撤去しなければならない。人々に医療支援を届け、経済的苦境を切り抜ける手助けをすることを目的とする給付なら、簡素化、免除、自動化がキーワードになる。スラッジの除去は国家や自治体が最優先に取り組むべき課題には思えないかもしれないが、実際には比較的心地よい暮らしと深刻な生活苦、ときには生死を分ける要因にもなる。

もっと速く

言うまでもなく、パンデミックの最中に国民を支援することは差し迫った課題だが、それ以外の多くの領域でもスラッジの削減はメリットをもたらす。どのようなメリットか簡潔に説明するため、アメリカ運輸保安局（ＴＳＡ）の事前審査プログラムの例を考えてみよう。空港での保安検査を迅速化するための制度だ。二〇一一年に導入されたこのプログラムは、標準的な保安検査は多くの旅行者に過剰なスラッジを押しつけるものだ、という問題意識から生まれた。プログラムに登録した人は検査が迅速化され、長蛇の列に並ばずに済むようになる。スラッジ削減の顕著な例だ。最近では登録者は一〇〇〇万人に達する。メリットはどの程度のものなのか。

控えめに見積もって、この一〇〇〇万人が年四回、プログラムを利用するとしよう(新型コロナ・パンデミックに伴う移動の減少はいったん脇に置いておく)。その場合、年四〇〇〇万回になる。そして利用者は旅行のたびに二〇分、時間を節約できるとする。そうなると毎年八億分、約一三〇〇万時間の節約になる。アメリカ人の一時間あたりの平均対価が二七ドルだとすると、[12] TSAの事前審査プログラムによって年三億五〇〇〇万ドル以上のムダがなくなる計算だ。年間でこれほどのメリットをもたらす制度は少ない。事前審査プログラムにどれほどのコストがかかっているかはわからないが、三億五〇〇〇万ドルには達しないだろう。

これほどのメリットをもたらすスラッジ削減策は少ないかもしれない。しかし、たとえば一〇万人規模の消費者が一定量の時間を節約できるのであれば、その効果は侮れない。重要なのは、メリットは時間の節約だけにとどまらないということだ。心理的なメリットもある。いらだち、不安、屈辱感も抑えられるかもしれない。スラッジが抑制されれば、尊厳や敬意も回復させられる。スラッジの蔓延する社会は、市民に屈辱感を抱かせる。スラッジ削減はそれを取り除いていく作業だ(この点については、後で詳しく述べる)。

しかし時間の節約は恩恵のごく一部で、それは心理的メリットも同じだ。すでにスラッジ削減がモノやサービス、具体的にはお金、医療、有益な商品、教育、職業訓練、経済的機会へのアクセスを大幅に改善する効果があることは十分伝わったと思う。スラッジ削減によって、ふつうの人々の生活が変わるかもしれない。企業は売上高や信用が高まり、従業員の幸福度も大幅に高まるかもしれない。政府の機能も大幅に改善するかもしれない。

アメリカ政府は長年、貧困層の子供達に無料で学校給食（朝食と昼食）を提供するプログラムを運用してきた。長らく問題となってきたのは、子供の登録手続きをしない保護者が多いことだ。理由は定かではない。多忙なためか、どんな手続きが必要か理解していないのか、それとも行政からの連絡に恐れをなした、あるいは困惑したのか。利用率が低水準にとどまっている事態を打開しようと、連邦議会は農務省に直接認定制度の導入を認めた。保護者がわざわざ子供を登録する必要をなくす仕組みだ[13]。州政府や自治体の教育委員会などが受給資格があることを確認できた子供は、自動的に登録される。ここ数年、一五〇〇万人以上の子供（受給資格者の約九一％）がこの制度や類似制度の恩恵を受けられるようになった[14]。スラッジの除去は、こうした子供達とその家族の生活に多大な恩恵をもたらした。

同じように「連邦学資援助無料申込（ＦＡＦＳＡ）」の手続きを簡素化すれば、低所得層の学生が学資援助を申請し、大学に進学する可能性は劇的に高まる[15]。当局が申込フォームを簡素化するだけで、多くの有色人種を含む貧困層に大学進学の機会を与えることができる。またすでに多くの州が、住民を自動的に有権者として登録する仕組みを導入している。選挙権のある住民が州の機関と接触すると（運転免許証の交付を受けるなど）、そのまま有権者として登録される。[16] オレゴン州ではこうした自動登録プログラムを導入して一年足らずで二五万人以上が新たに有権者として登録され、このうち約一〇万人が実際に投票した。[17] 国外に目を向ければ、有権者を自動登録する国は珍しくない。

民間部門にもスラッジを削減する余地はたっぷりある。その結果、労働者がより良い医療保険を選べるようになる、消費者や従業員がアイデアや苦情を伝えやすくなる、多くの人が重大なリスクを避けられるようになるといったメリットが期待できる。[18]

一一四億時間

一九七九年に制定された「書類作成負担軽減法」は、規制緩和を目的としていた。[19] 国民の書類作成の負担を最小限にし、かつ政府が入手した情報を最大限活用するために作られた法律だ。それによってスラッジは削減されるはずだった。主な条項を見てみよう。[20]

行政予算管理局長は情報収集と書類作成負担の管理に関して、

（一）　政府機関の提案した情報収集を審査し、承認する。

（二）　連邦調達政策室とともに、情報・規制問題室による連邦政府の調達、買収に伴う情報収集のあり方を審査する。とりわけ連邦政府による調達、買収、支払いの効率性と有効性を改善し、情報収集に伴う国民の負担を軽減するため、情報技術の活用を重視する。

（三）　連邦政府による情報収集の国民への負担を最小限に抑える。とりわけ負担による影響を最も受けやすい個人や企業に配慮する。

（四）　連邦政府によって、あるいは連邦政府のために収集された情報を最大限活用するとともに、国民への恩恵を最大化する。

（五）　政府機関が自らの提案する情報収集に伴う負担を評価するための基準や指針を制定し、監督する。

本書の目的に照らして最も重要なのは、太字にした（三）と（四）だ。負担を「最小限に抑える」とは、書類作成の負担は政府機関の目的を達するのに必要な範囲にとどめるということだ。ここでカギとなるのは「費用対効果」という概念のようだ。つまり目的を達成するための方法が二つあるとしたら、負担の少ないほうを選択しなければならない、ということだ。「負担を最小限にする」と「情報を最大限活用するとともに、国民への恩恵を最大化する」という表現を合わせると、書類作成負担軽減法がある種の費用対効果分析を求めていることが読み取れる。**書類作成がもたらす効果は、その負担を正当化するものでなければならない。**だが今日に至るまで、どのような負担ならこの基準に合致するか、体系的な検証は行われていない。市民が司法の場で書類作成の負担に異議を申し立てる機会もない。たとえば負担が「恣意的」で「気まぐれ」なものであるとして、廃止を求める機会だ。

こうした状況が深刻な問題を生んでいる。規制緩和については、経済を無意味な制約から解放する手段だとして歓迎する人も多い反面、健康や安全を守る重要な保護措置を撤廃する動きだと非難する人も多い。好むにせよ好まざるにせよ、規制緩和とは規制によって国民に課される負担（大気汚染を抑制する、最低賃金を引き上げる、自動車をより安全にする、タバコのパッケージの警告サインを見やすくする、労働者がガンになるリスクを抑えるなど）を撤廃することだ。

スラッジの除去は必ずしも規制緩和というカテゴリーに含まれない[21]。だが本来は含めるべきだ。物質的なものも非物質的なものも含めてスラッジのコストを考えれば、その削減は急務だ。さまざまな分野で立場の異なる人々も、この点については熱心に賛同するのではないか。政府は国民に書類作成の負担を課すたびに、その費用対効果を検討すべきだ。負担は本当に正当化できるものだろうか。どれほどの恩恵があるのか。どれほどの弊害があるのか。政府は分配に関する疑問とも向き合う必要がある。その書類作成によって助かるのは誰か、困るのは誰か。スラッジが社会で最も立場の弱い人々を苦しめていないか。貧しい人、苦境にある人、何らかの困難を抱えている人に押しつけられていないか。

書類作成負担軽減法は、行政予算管理局に「アメリカ政府情報収集予算（ＩＣＢ）」と称する年次報告書の作成を義務づけている。ＩＣＢでは毎年、政府が国民に課す書類作成の負担を数値で示している。二〇一七年の報告書には、アメリカで国民が連邦政府のための書類作成に費やす時間は一一四億時間にのぼる、と書かれている。[22] しかもこの数値は一貫して伸び続けている。[23]

この一一四億時間という数字を、改めて考えてみるべきだ。シカゴの全住民二七〇万人を集めて、一年間にわたって週四〇時間、ひたすら連邦政府の書類を記入するという作業に従事させたとしよう。それでもアメリカ人が毎年書類作成にかけている時間にはとうてい及ばない。

一一四億時間というのは途方もない負担だ。[24] 一時間の労働の対価を二七ドルとすると、[25] 三〇七八億ドルに相当する。教育省の予算の四倍以上、国務省の予算の約六倍、そしてエネルギー省の予算の約一〇倍だ。そして金銭的負担はスラッジの引き起こす問題のごく一部であることも、すでに見てきた。スラッジは困難に直面した人々が、そうした状況を打開することを難しくする、あるいは不可能にすることもある。

では私達は何をすべきだろう。

第二章　スラッジの弊害

あなたが投票するために何時間も列に並ばなければならないとしたら、投票するだろうか。宗教活動をするのに当局から許可を得なければならないとしたら、信仰を諦めるかもしれない。政府に自分の土地を接収されたら、補償金を受け取れるはずだ。しかしそのためにどのような手続きが必要なのか、あなたなら簡単にわかるだろうか。憲法は公平な裁判を受ける権利を保証しているかもしれない。だがあなたが犯罪の容疑をかけられたら、どうすればその権利を行使できるか、わかるだろうか。

言論の自由に関する法律の大部分は、スラッジを抑えることを目的としている。特定のスラッジを違憲としているのだ。合衆国憲法は「事前の制約」、すなわち国民が自由な発言をする「前に」制約を課すことをほぼ完全に禁止している。たとえば公道で抗議行動をするのに許可を得なければならないとしたら、多くの国民が抗議行動そのものを諦めるかもしれない。[1] 憲法はそうした問題が起こるリスクを警戒しており、裁判官は言論活動に許認可の仕組みを持ち込もうとする法案を却下する。事前の制約を禁止するのは、スラッジを禁止するのに等しい。[2] 独裁者は国民のさまざまな権利を抑え込もうとするとき、大量のスラッジを課す。それが独裁の第一歩であり、うまくいけば目的をほぼ達せられる。

スラッジをなくすことで、国民は「許可を求める者」から「権利を行使する者」へと変わる。新たなスラッジを課すのは、まさにその逆だ。

具体例

新型コロナウイルス感染症のパンデミックとは関係なく、医師や患者にスラッジを押しつけることで失われる命がある。[3] 民間の取り組みや法律改正を通じた医療分野のスラッジ削減の試みは、命を救うことにつながる。[4] 非常にわかりやすい例として、麻薬性鎮痛薬オピオイドの依存症の問題を考えてみよう。オピオイド使用障害（ＯＵＤ）治療の切り札とされ、今や治療法の絶対的基準となったのがサボキソンという薬だ。サボキソンはブプレノルフィンとナロキソンの合剤で、オピオイドへの渇望をやわらげ、死に至るような過剰摂取を起こりにくくする。

ＯＵＤ治療では、救急外来が重要な役割を果たす。過剰摂取あるいは何らかの支援を求めて患者が病院に来ると、症状を落ち着けるための治療が行われる。だが必ずしも長期にわたるサボキソン投与が開始されるわけではない。命を救うことのできるアプローチであり、標準的治療法となるべきだが、まだそうなっていない。なぜか。原因はスラッジだ。[5]

アメリカの連邦法では、医師がサボキソンの有効成分の一つであるブプレノルフィンを処方するには、特別な認可(「Xウェーバー」と呼ばれる)を申請する必要がある。認可取得には時間と労力がかかることから、本来サボキソンの処方に前向きな多くの医師が二の足を踏んできた。もっと多くの医師が認可を取得し、中毒の再発リスクが高い患者にサボキソンを処方できれば、OUDで亡くなる患者は減らせるだろう。

ブプレノルフィンを処方する認可取得にかかわるスラッジによって、意欲ある多くの医師が挫折した。お金を払って研修に参加したものの、合計八時間のカリキュラムを修了できない者も多かった。研修を受け、手数料を払った者のなかでも三〇%は修了後に提出すべき書類を出さなかった。もちろん研修は重要だという意見もある。しかしここで考えるべきは、現在の研修のメリットがそのコストに見合うものかどうかだ。

スラッジを克服しようと、多くの医師が仲間に認可を取得するよう熱心に働きかけている。それも好ましい動きだが、認可制度そのものを廃止するほうが政策としてははるかに好ましい。認可取得義務を廃止すれば大きな効果がある。患者のために適切な治療をしたいと考える多くの医師にOUD治療の道が拓けるだろう。死ななくてよい人が命を落とさずに済むようになる。

これはほんの一例だ。看護師や医師は日々、不必要でうんざりするようなスラッジと向き合わなければならない。それは時間とお金の無駄であり、最終的には治療の質を損なう。アメリカの医療費の相当部分がスラッジに起因している。つまりスラッジを減らすことで、医療費を大幅に削減し、病院、医師、看護師、患者のすべてに多大な恩恵をもたらすことができる。[6]

さまざまなコスト

ここまででスラッジからさまざまなタイプのコストが発生していることが明白になったはずだ。なかには金銭的価値に換算するのが容易なものもあれば、そうではないものもある。ただ両者の区別はさほど重要ではないという見方もできる。最終的には浪費された時間を金銭的価値に換算すればいい。たとえば（第一章で見てきたように）一時間あたり二七ドルとするといった具合に。しかし時間の価値を一律の数字で測るのは、大雑把すぎる。一時間の価値は二七ドルもないという人は多いかもしれないし、それでは低すぎるという人もいるだろう。それはこの時間で「何をさせられるか」によるところが大きい。社会給付を受けるために一時間の面接を受けなければならないのをひどく苦痛に感じ、それを避けるために相当な給付を棒にふる人も多いだろう。同じことをさほど負担に感じない人もいる。

スラッジのコストが感情的なもの（たとえばいらだちや屈辱感など）である場合、金銭的価値を算定するのは一段と困難かもしれないが、それもまたやってやれないことはない。あらゆるコストを基本的に同じものと考えれば、スラッジの影響度を一定の金銭的価値に換算することはできる。ただしさまざまなタイプのスラッジの質的な違いを認識するのは単に有益というだけでなく、きわめて重要だ。（たとえば）税金や罰金の支払いを求めることと、膨大な量のどうでもよい書類に記入を求めることは本質的に違う。少額の許認可の手数料を支払うのと、許認可やビザを入手するために屈辱的で、立ち入った個人的質問を次々と浴びせられることも本質的に違う。スラッジのなかには申請者に二級市民のような気分を味わわせるものもある。

なぜスラッジが重要なのか

なぜスラッジが重要なのかを理解するために、私達が一〇〇%合理的で、スラッジに対処するときにその費用と効果を見積もるとしよう。効果が大きくても、費用がそれ以上にとんでもなく大きい、というケースもある。[7] たとえば「情報」入手のコストだ。それは時として多大な手間とお金を要することもある。「時間」に関するコストもある。時間的余裕のない人もいるだろう。いらだち、スティグマ（不名誉）、屈辱といった「心理的」コストもある。こうした理由のために、スラッジを切り抜け、克服するのがきわめて困難になる。

困難というだけでなく、スラッジの克服が実質的に不可能なケースもある。たとえば必要な書類に記入できない人もいる。必要な情報が入手できない人もいる。こうした問題点だけで、連邦政府や州政府のさまざまな制度の利用率が驚くほど低い理由を説明できるうえに[8]、多くの人にとってさまざまな許認可を取得するのがなぜこれほど難しいかも説明できる[9]。人生という海を渡っていくのを難しくするという意味で、スラッジは自由への障害とみなすこともできる[10]。霧のなかで先が見通せない状況は自由とはいえない。

もちろん私達は一〇〇%合理的、ではない。シェイクスピア、ディケンズ、ジョイスの作品を読めば、あるいは人間の日々の生活に目を向ければ、それは明らかだ。ただ心理学や行動経済学での数十年にわたる判断や意思決定の研究の結果、どんなときに「完全合理性」を欠くのかが明らかになってきた[11]。こうした研究を通じて、多くの人が陥りやすいさまざまなバイアスが発見された。それは現実世界におけるスラッジの悪影響を増幅させる。必要なお金が手に入るかどうかがかかっているときには、人は行動バイアスの影響を受けにくいのではないかと思うかもしれない。だがその予想は誤っている。強力な経済的インセンティブがあるときでさえ、人間は本来とるべき行動をとらない[12]。

スラッジと行動バイアスを理解するうえで最も重要なのは、多くの人にとって惰性は強力な作用を及ぼすという事実だ[13]。私達には今の状況を続けようとする傾向がある。それに加えて行動を今すぐやらなくてもよいことは、明日やろうとする。そして明日になると、また翌日にしようとする。今すぐやらなければならないことでも、先延ばしする理由を探そうとする。惰性に身を任せ、面倒なことを先延ばししようとする傾向もある。[14] 今すぐやらなければならないことでも、先延ばしする理由を探そうとする。

制度に加入するかどうかを利用者に選択させる「オプトイン」方式のほうが、制度にあらかじめ加入させておき、離脱する場合のみ選択させる「オプトアウト」方式より通常、利用率が大幅に低くなる一因はここにある。[15] 市民にどれだけ役立つ支援策であっても、自ら申請することを求めると、利用率は四〇～六〇％にとどまる。比較的ささやかなスラッジでも、それが存在することで当然一〇〇％になるべきプログラムの利用率が五〇％以下に落ち込む原因となることもある。

惰性の問題に拍車をかけるのが「現在バイアス」だ。[16] 多くの人にとって未来は、訪れるかどうかもわからない異国のようなものだ。雑務は「いつか」に先延ばししたい。遅らせることのデメリットがどれだけ大きくても、その「いつか」は永遠に来ないかもしれない。

これを踏まえたうえで、国の規制の下で個人や小規模事業者やスタートアップ企業が、給付金を受けるため、あるいは多額の罰金を科せられないように、さまざまな書類の作成を求められている現状を考えてみよう。とても手に負えない作業だと思って、手をつけることさえしないかもしれない。本気でやらなければと思っていても、先送りできるから、あるいは面倒で困難だから、意欲はあっても行動が伴わないかもしれない。現実の作業負担は重く、しかも当事者の目には実態以上に煩雑に映るかもしれない。書類作成を始めても、完成には至らないこともあるだろう。

結論を先に言ってしまえば、規制当局が意図せぬ不用意な害悪を発生させないように、既存の書類作成負担を「除去する」ことには大きな意義がある。それこそが「スラッジ監査」の目的だ。新型コロナ・パンデミックをきっかけに進んだ「二〇二〇年スラッジとの闘い」は、まさにその好例だ。

欠乏とスラッジ

アメリカの行政府には、耳ざわりな業界用語がはびこっている。活動の結果を「デリバラブル（成果物）」、ミーティング後に発生する作業を「ドゥ・アウト（掃除、整理）」と呼ぶなど。そして関係者の時間や余裕がないためにプロジェクトを廃止あるいは中断するのは「バンドウィズ（処理能力）の問題」と称される。もちろん、こうした表現は企業など他の場所でも使われることもあるが、ホワイトハウスでは特に頻繁に耳にする。

とりわけ「バンドウィズ」は最も便利で、かつ興味深い用語だ。世の中に優れたアイデアはたくさんあるものの、政府や自治体の処理能力が限られているため、公務員が関心を持ち、支持し、遂行できるのはそのごく一部だという発想が背景にある。処理能力が限られている一因は政治的なものだ。連邦議員、政府関係者、あるいは一般市民も、一時期に支援できるアイデアの数には限りがある。

ただ処理能力の問題が生じる最大の理由は、人々の時間と関心が限られていることだ。政治的支持を集められそうな優れた改革案があっても、支持母体になりそうな人々が他の問題に心を奪われていたり、それについて勉強し、メリットを理解するための時間がなかったりするために、陽の目を見ないことがある。政府内でも良いアイデアがあるのに、組織的に深掘りするための余力がないという理由で、反対勢力がいるわけでもないのに潰れてしまうケースはある。スラッジの問題などはその最たる例だ。

欠乏は経済学の研究テーマだ。競合する需要が存在するとき、人は（時間や金銭などの）リソースをどう配分するか。センディル・ムッライナタンとエルダー・シャフィールの名著『いつも「時間がない」あなたに　欠乏の行動経済学』は、少し違う角度からこの問題に切り込んでおり、それはスラッジの弊害と密接にかかわっている。[17] 二人が注目したのは欠乏という「感覚」、そして欠乏感が人々の心理や行動に及ぼす影響だ。欠乏感にはさまざまな種類があり、それを経験する状況によって違いがある。空腹、多忙、孤独、貧困はいずれも欠乏感だが、その影響は一律ではない。スラッジとの関連で重要なのは、認知的欠乏の状態にあると、スラッジを切り抜けるのはあり得ないほど困難になるということだ。

欠乏感を抱いている人は、認知的トンネルにはまった状態にあり、視野が狭くなる。その結果、自制心が低下し、より衝動的に、そして時として愚かになる。また欠乏感で頭がいっぱいになると、スラッジを含めて周囲のさまざまなことに注意を向けられなくなる。頭がいっぱいなときには、新たな材料を処理するのが難しくなる。社会科学者は「認知的負荷」に関するさまざまな実験を行ってきた。被験者に複雑な問題を解いてもらい、その負担が他の行動（たとえばチョコレートケーキとフルーツのどちらを選ぶか）に影響を及ぼすか調べる、といった具合に。その結果、認知的負荷が高まると、自制心が阻害されることがわかった。被験者は健康に良いフルーツよりケーキを選ぶ傾向が高かったのだ。欠乏感にも同じような作用がある。「処理能力への負荷」を高め、優れたパフォーマンスを発揮する能力を損なうのだ。スラッジはそうした負荷を生じさせる要因となる。すでに負荷の高い状態にある人々にとって、プラスアルファを受け入れるのは容易ではない。

ムッライナタンとシャフィールが行ったある実験からは、スラッジの悪影響が見てとれる。被験者に車が故障し、修理費用が三〇〇ドルかかることを伝えたうえで、すぐに修理するか、先延ばしするか（修理しなくても車が動く可能性に賭ける）という二つの選択肢を提示する。そして「どちらを選ぶか、どうやって決めるのか」「この決断は簡単か難しいか」と尋ねるのだ。答えを聞いたうえで、被験者には一般的な知能検査のような問題に答えてもらった。この場合、裕福な人も貧しい人も、知能検査の結果にまったく違いはなかった。

続いて、もう一度実験を繰り返した。状況設定は同じだが、修理費用を三〇〇〇ドルではなく三〇〇〇ドルに変更したのだ。すると驚くべき結果が出た。二回目の実験では、貧困層の知能検査の結果が、富裕層より有意に低かったのだ。両者の差はどこから生じたのか。計算が難しかったためではない。というのも、質問の内容を金銭にかかわらないものに変えて実験をしたときには、数字の多寡によって富裕層と貧困層の結果に差は出なかったからだ。あるいは意欲の問題でもない。正答した人に報酬を支払うという条件をつけても（貧困層ほど正答しようとする意欲は高まるはずだ）、修理費用を三〇〇〇ドルとした実験では富裕層と貧困層で一般知能検査の結果に大きな差異が生じたからだ。

経済的余裕のない人にとって、三〇〇〇ドルをどう工面するか考えるのは、おそろしく大変だ。そのために必死に頭を使うので、消耗する。だからその後に与えられたタスクでは良い結果を出しにくくなる。消耗した後だから知能検査の結果が悪くなるのだ。ムッライナタンらがインドのサトウキビ農家を対象に行った実験でも、同じ結果が再現された。収穫期前のお金がなく、生活費の工面に苦労する時期の知能検査の結果は、収穫後のお金がたっぷりある時期の結果より大幅に悪かった。驚くべきことに、お金がたっぷりある時期には知能検査の結果が九〜一〇ポイントも上昇していた。

処理能力が不足すると、自制心も阻害される。八ケタの数字を暗記するという作業をした人は、その後不愉快な場面に遭遇すると無礼な態度をとる傾向が強まる。ここから言えるのは、私達は何かに注意力を奪われると、衝動に屈しやすくなるということだ。ムッライナタンとシャフィールはこれを踏まえて、私達が個人的属性とみなしている問題のなかには（意欲の欠如、集中力のなさなど）、処理能力の制約に起因するものがあるかもしれないと主張している。人格の問題ではなく、欠乏が問題だというのだ。背景でたくさんのプログラムが作動しているために、動作が遅くなっているコンピュータを想像してみてほしい。コンピュータに問題があるのではなく、いくつかプログラムを停止すればよいだけだ。

欠乏も同じような弊害を引き起こす。たとえば「計画の誤謬」は誰もが犯しやすい過ちだ。ある仕事を完成させるまでの所要時間を、ありえないほど楽観的に見積もってしまうことを指す。多忙な人も認知的欠乏に陥りやすい。忙しい人は現在抱えている仕事に意識が向いており、注意散漫になりやすいからだ。すべてに共通するのは、「トンネル」に入っている人は目の前のことだけに意識が向いてしまうという問題だ。そんな状況でスラッジを切り抜ける方法など見つかるだろうか。

この点を理解するために、ノーベル経済学賞の受賞者で、貧困問題に関する世界的権威であるエスター・デュフロの言葉を紹介しよう[18]。

私達は貧しい人々を上から目線で見ているところがある。「なぜ彼らはもっと責任を持って生きないのか」と考えるのだ。ここで見落としているのは、豊かな人ほどすべてがうまくまわるように世の中ができているので、自ら責任を持って生きる必要がないという事実だ。

貧しい人ほど、人生のありとあらゆる点において自らの責任でなんとかしなければならない。（中略）責任感がないと貧しい人々を責めるのはやめ、どうすれば豊かな私達が享受している恩恵を貧しい人々も受けられるようになるか、考えるべきだ。私達が享受している恩恵とは、社会が私達のプラスになるように多くの判断を下してくれているということだ。私達は何もしなくても、正しいルートに乗っている。だが貧しい人々の多くは、何もしなければ誤ったルートを進むことになる。

一部の人や社会集団にとって、正しいルートに乗るのは他の集団より難しい。時間に追われている人、病気の人、貧しい人、障害を持つ人、幼い子供や高齢者の世話をする人にとって、認知的欠乏はとりわけ大きな問題となる。スラッジの分配効果、すなわちスラッジの弊害を最も受けやすい層に注目するのが重要なのは、このためだ[19]。

スラッジ削減が分配効果を高めることを示す事例として、イギリスの調査を見てみよう[20]。イギリスは二〇〇八年から、年金制度への自動加入政策を採用している。この手の改革としては世界最大規模だ。新たな政策は年金加入を自動化することでスラッジを撲滅した。改革以前、メンタルヘルスに問題を抱える人は年金加入率が大幅に低かった。この格差が改革によって消失、つまりゼロになった。調査結果はほかの国々のものと一致しており、自動加入によって低所得の勤労者や女性の年金加入率の低さが改善することを示している。

これは年金制度に限った問題ではない。コロナ禍のスラッジ削減の努力は、分配問題をはっきりと意識したものだった。コロナ対策として打ち出されたプログラムの多くは、経済的余裕がない人、病気を抱える人や高齢者を受益者として想定していた。対象者が給付を受けるのに労力がかかれば、給付が手遅れになる、あるいは給付がされないケースも出てきただろう。だからスラッジ削減という対応がとられた。

現実問題として、スラッジの被害者はたいてい社会で最も貧しい人々である、という点を強調しておきたい。最大の理由は、貧しい人ほど差し迫った問題を山ほど抱え、その解決と向き合わなければならないからだ[21]。政府が彼らに複雑なシステムへの対応や大量の書類作成を求めれば、申請を諦めてしまう可能性が非常に高くなる。とはいえ注目すべきは貧困層だけではない。高齢者のために設計された制度においても、スラッジは大きな弊害を引き起こす可能性がある。高齢者層では認知能力が低下する人が多いためだ。

理由は違うが、ジェンダー平等の問題にも特に注意を払うべきだ[22]。家計の切り盛り、食事の支度、子供の世話など、家庭にかかわる細々とした仕事は女性に偏りがちだ。スラッジの大幅な削減は、社会的不平等の根っこにある原因にメスを入れることにつながり、その効果は日常生活のさまざまな領域に波及していくはずだ。

第三章　スラッジと「選択の設計」

ここまで一見ささやかなスラッジが重大な結果を引き起こしかねないことを見てきた。これは「選択の設計」が、選択の結果に影響することを明確に示している。[1] 選択の設計とは意思決定が行われる背景のことだ。たとえばスーパーのレイアウト（視線の高さにどの商品が置いてあるか、店内に入ったとき目に入る商品は何か）、ウェブサイトのデザイン（何が大きなフォントになっているのか）、許認可や融資を受けるための申請書類の内容だ。

スラッジは選択の設計の一部だ。タバコや電子タバコを購入する客に、店が身分証明書の提示や書類への記入を求めるなど、何らかのスラッジを課すこともある。ウェブサイトには客が特定の選択肢を選ばないようなスラッジが仕掛けてあるかもしれない。申請書類が膨大かつ複雑なら一部の人、あるいは多くの人が申請を諦めるかもしれない。

選択の設計には、スラッジを山ほど盛り込むこともできるし、反対にスラッジをほぼ皆無にすることもできる。企業はそれをよくわかっている。顧客に特定の選択を促したければ、それをとことん簡単にする。スラッジを除去するのだ。客はたった一回クリックするだけで、企業の思うつぼにはまる。ネット上の「ダークパターン」（消費者を巧みに操作してお金を使わせる行為、と定義される）はたいてい企業が選択的にスラッジを減らしたり増やしたりした結果だ。

多くの分野でユーザーに申請を義務づける方式（オプトイン）から自動的に登録させる方式（オプトアウト）に変更してスラッジを除去するだけで、プログラムの利用率が劇的に高まることはすでに指摘した。コロンビア大学のピーター・バーグマン教授とハーバード大学のトッド・ロジャース教授の研究では、保護者に子供の学習状況についてテキストメッセージの通知を受け取れるよう登録を求めた場合、登録した人の割合はわずか一％だった。[2] 登録手続きを簡素化すると、それが八％に急上昇した。[3] それを自動登録制にすると、九六％に跳ね上がった。[4] オプトアウト方式はスラッジの排除にほかならない。オプトアウト方式への転換によって、教育、貧困削減、消費者保護、気候変動などの分野で重要な社会的目標を達成できることも多い。

もちろん選択の設計を変更することでこれほど劇的な効果が出るケースは限られている。[5] 標準的ケースではオプトインからオプトアウトへの変更によって参加率が約二六％上昇するとされる。それでも大きな変化だ。一般的に簡素化とスラッジ削減はイライラを和らげるだけではない。人々の暮らしと人生を変えるのだ。

優れた設計とは

投票権は市民にとってとりわけ重要な権利だが、スラッジによる悪影響を受けやすい。問題解決に役立ちそうな新しい、あるいはこれまでとは違う設計の例を紹介しよう。ここで重要なのは処理能力の問題を克服することだ。[6]

数百万人のアメリカ国民にとって、有権者登録をするための場所や手続きを理解し、それを完了することは実際に投票をするうえで大きな障害となっている。その結果、人口の属性によって有権者登録の割合に明らかな格差がある。たとえば二〇一六年には資格があるにもかかわらず有権者登録をしていなかった人のうち、低所得層と有色人種の割合が極端に高かった。[7]

二〇一六年大統領選挙では、登録資格のある人のうちアフリカ系アメリカ人の三一％、ヒスパニック系の四三％、そして低所得層の四三％強が有権者として登録していなかった。登録しなかった理由を尋ねると、投票権年齢に達している無登録者の六〇％以上が「登録の機会を与えられたことがない」と回答した。[8] さらに三分の一以上が登録する意欲はあったが、時間がなかった、あるいは手続きが不便だったと答えていた。

この格差を埋めるのに一役買えるのが病院だ。病院の救急外来（ＥＲ）を訪れる患者を見ると、貧困層や有色人種の割合が際立って高い。そこを有権者登録の場とすることで、病院がスラッジ削減に貢献できる。ＥＲでは全国民の平均と比べて、低所得者、マイノリティ、そして無保険者の利用率が高い。たとえば二〇一六年には、国民全体では人口一〇〇人あたりのＥＲ利用は四五・八回だった。[9]それがアフリカ系アメリカ人の患者に限ると、一〇〇人あたり八〇回と大幅に増える。さらに大学教育を受けていない人や低所得層は、非救急的治療のためにＥＲを利用する割合が高い。

ここには現在の医療制度の問題が表れているが、同時に有権者登録を増やす機会も見いだすことができる。緊急性の低い症状でＥＲを訪れる患者は、病院職員が差し迫った治療を必要とする患者の対応で忙しいために長時間待たされる傾向がある。ときには待ちが四～六時間に及ぶこともある。胸の痛みに苦しんでいる患者に有権者登録を持ちかけるべきではないが、咽頭炎のために数時間待合室で待たされている人なら、その時間を有効活用してもよいだろう。待ち時間の間に九〇秒ほど使って有権者登録をしませんか、と聞いてみたらどうか。

このような試みの先例はある。二〇〇八年に全米地域保健センター協会（ＮＡＣＨＣ）が、患者を治療する医療センターで有権者登録キャンペーンを実施したのだ。その結果、新たに一万八〇〇〇人以上の中低所得者が有権者登録簿に追加された。二〇一二年にニューヨーク・ブロンクス区の二カ所の連邦政府認可保健センターで実施された登録会でも、医療従事者の負担をあまり増やさず、医師と患者の関係に悪影響を与えず、また不要な政治的影響を排除しながら大勢の有権者を登録できることが示された。

未登録の有権者の多くが、登録の機会を提供されることにきわめて好意的だ。ある調査では、病院の待合室で有権者登録をする意思の有無を聞かれた人の実に八九％が、登録する意思を示した[10]。実際に登録者を増やすための活動を始めた病院もある。マサチューセッツ総合病院（ＭＧＨ）が始めた「ＭＧＨヴォーツ」はその一例だ[11]。同病院では有権者登録をめぐるスラッジを除去する「ＶｏｔＥＲ」と称するプログラムも導入した[12]。病院の一角にシンプルな端末を設置し、ごく短時間で有権者登録を済ませられる仕組みで、その後多くの病院で採用された。救急外来にＶｏｔＥＲを設置する試みには、大きな可能性がある。最大の理由は、有権者登録をしていない層に、彼らにとって都合のよい場所で接触するからだ。

スラッジを減らすことで投票する権利を保護する方法は他にもたくさんある。投票所に足を運び、列に並ぶことを負担に感じる人にとっては、郵便投票を認めることがスラッジ削減策となる。不正行為のリスクさえ抑えられれば（既存のエビデンスはリスクが抑制可能であることを示している）、郵便投票は国民が民主主義の根幹を成す権利を行使するうえでのスラッジを減らす、すばらしい手段だ。

連邦法では、各州は転出を理由に登録者を有権者名簿から削除する前に、郵便で確認用紙（返信ハガキ）を送ることを義務づけている[13]。不当な理由で登録者が削除されるリスクを防ぐという意味で、好ましいことだ。さらに各州はどのタイミングで返信ハガキを発送するか、自由に決められるようになっている。アメリカ郵政公社からの転出情報を利用する州もあるが、実際には転出しておらず、名簿から削除すべきではない有権者にフラグを立ててしまうようなシステムを使っている。[14] その結果、返信ハガキを送りそびれ、さらに四年間投票をしなかったという理由で、投票する資格があるのに登録を削除されてしまう人もいる。[15] 有権者は（議会や最高裁も同じだが）自分なら返信ハガキを受け取ったら必ず返信するはずだと思うかもしれないが、そのような甘い見方はたいてい間違っている。[16] 返信ハガキの投函を求めるというのはスラッジの一種であり、それを忘れてしまう人もいる。

投票権とスラッジについては第四章で改めて取り上げるが、ここで言わんとしているのは、投票という行為や有権者登録の制度設計には多かれ少なかれスラッジが含まれている可能性がある、という事実だ。そして民主主義のプロセスにおいては、こうしたスラッジの多寡がきわめて重要な意味を持つ。

選択の設計と設計者

スラッジは確信犯的な設計者によって作られることも多い。一方、スラッジが制度の設計者は予想もしていなかったような重大な影響を引き起こすケースもある。往々にして制度の設計者は、人々が惰性を克服して行動する可能性をとんでもなく楽観視している。専門家でさえも、スラッジの克服に有効と思われた方策が失敗し、愕然とすることがある。たとえば国民に「これをしなければいけませんよ」というリマインダーを送っても、無視されることはいくらでもある。民間部門ではずるがしこいマーケティング会社が、自らの都合のいいようにスラッジを利用する。消費者に魅力的な値引きを持ちかけているように見せつつ、彼らが読まないような小さな字でただし書きを付けたり、消費者が利用しないとわかっていて有利な条件を付けたりする。[17]

公共部門ではスラッジが想定外の悪影響を引き起こすことがある。スラッジがとりわけ自分たちが助けようとしている層に、どれほど重大な壁となるかを行政の人間がわかっていないためだ。私の個人的経験から（また法律家として）言うと、問題を引き起こすのは法律家であることが多い。大した問題ではないだろうと考えて、スラッジを埋め込むのは彼らだ。「四ページばかりの書類を記入できない人などいないだろう」と。自分なら過去一五年の自分の職歴や居住地を簡単に答えられるのだろうか。答えられるかもしれないし、答えられないかもしれないが、いずれにせよ法律家が考えるよりずっと難しい作業だ。同じことが民間部門についても言える。だからこそスラッジ監査は企業にも非営利組織にも教育機関にも有益なのだ。

とはいえ官僚が時として、意図的にスラッジを課すことに疑問の余地はない。その影響もはっきりわかっている。彼らは選択の設計においてきわめて意識的であり、スラッジの弊害は完璧に認識している。貧困層を支援するためのコストのかかる制度の導入に賛成しつつも、本心では快く思っていない。そんなときコストを抑えるため、あるいは制度の現実的影響を抑えるためにスラッジを活用するのだ。自分たちが何をしているかも、よくよくわかっている。スラッジは政治的影響力のない社会的弱者が、自らを保護するために設計されたプログラムを利用するための対価かもしれない。支援策自体はとても太っ腹に見えるかもしれないが、細かな字で書かれた脚注のようにスラッジが埋め込まれている。

ほとんどのケースで、官僚は政治的価値観やコミットメントに誠実であるだけで、こそこそ策を弄しているわけではない。スラッジを課すのは政府のコストを抑えるため、本当に資格のある人々だけが許認可を受け、本当に支援を受けるべき人だけが給付を受けられるようにするためだ。この点については後でまた触れる。

民間部門でも同じようなことが起きている。本当に融資を受ける資格のある人だけに住宅ローンを供与する手段としてスラッジが使われることもあれば、企業が自らの都合のよいように、顧客に重要な取引条件をわかりにくくするためにスラッジを使うこともある。長々とした複雑な資料を読ませられたら、重要な条項を見落とすかもしれない[18]。最悪の場合、利用者が本質的な同意を与えていないにもかかわらず、自動的に特定の取引条件に従わされたり、経済的義務を負わされたりする。スラッジはあらゆる人にかかわる問題だ。「操《あやつ》られない権利」を新たな権利として認めるべきだという主張には、十分な根拠がある。スラッジはこの権利を侵害する手段になりうる。公共部門が国民を操作するためにスラッジを使うようなことがあれば、何かが根本的におかしい。

「ダークパターン」という概念についてはすでに述べた。「ユーザーが意図せずに自らにとって有害な意思決定をするように強制、誘導、あるいは欺くことで、ネットサービス会社を利するようなユーザーインターフェースを設計すること」と定義される。[19] 公共組織も民間組織もダークパターンを生み出すことはある。そしてダークパターンを生み出すのは、スラッジだけではない。スラッジを使わずにユーザーを欺いたり誘導したりするケースもある。たとえば割高な、あるいは不利な結果につながる選択肢をことのほか選びやすくして、消費者をナッジするといったことだ（これもダークパターンの一種だ）。これはスラッジとは無関係だ。追加費用のような「隠れた特性」は意図的に消費者の目に入らないように設計されているが、それをスラッジに含めるべきかどうかは疑問だ。[20] だが、そうした特性を理解するために消費者が大変な労力をかけなければならない場合には、これもスラッジと言えるだろう。

疑問の答えがどうであれ、ダークパターンの多くはスラッジを利用しており、非常にダーク（邪《よこしま》）だ。

第四章　スラッジの実例

多かれ少なかれスラッジの弊害を受けてきた公的制度の一覧表を作ると参考になりそうだ。そのようなリストは国別ではなく、世界規模で作成するのが理想だろう。本章ではアメリカに注目し、四つの分野に絞って状況を説明しよう。社会給付、職業上の許認可、学生ビザ、国民の基本的権利である。議論の一部は多くのケーススタディを通じて行政手続きの弊害を示したパメラ・ハード、ドナルド・モイニハン両教授の名著 *Administrative Burden*（行政手続きの負担、未邦訳）を参考にしている。[1] 同書はかなり包括的な内容ではあるが、状況は常に変化し、国による違いも大きいことから、このような研究が今後多数生まれることを期待したい。本章のささやかな目標は、問題を明らかにし、全体に通じる教訓を導き出すことだ。

重要なポイントはシンプルだ。スラッジが深刻な問題となっている分野がある一方で、政府がその弊害を軽微にとどめているケースもある。同じような分析を民間部門についても行うと貴重な示唆が得られそうだ。顧客へのスラッジを最小限に抑えている企業がある一方で、とほうもないスラッジを課している企業もある。民間の状況は、本章で示す公的部門のそれとかなり似通っているだろう。[2] たとえばユーザーがサブスクリプション(定期購入)契約を解除するのに、とほうもない時間と労力がかかるようにしている企業は多い。関連する契約条項を見つけにくくして、消費者がスラッジをかきわけて探さなければならないようにしている。契約条件の一部は、大方の消費者には理解不能なレベルにしている。本書で取り上げる公的部門のスラッジと同じものが、きっと民間部門でも見つかる。

スラッジは相手を操作するための手段であることが多い。とりわけネットの世界では、ダークパターンの一部としてスラッジが使われる。とはいえスラッジの弊害のなかには設計者の意図せざるもの、すなわちスラッジ問題に十分注意を払っていないことが原因であるものもある。

社会給付

社会保障

スラッジの除去という点ではお手本といえるのが、アメリカの社会保障(公的年金)制度だ。シンプルで自動化されている部分が多く、「ゼロスラッジ・ゾーン」といっても過言ではないだろう。ハード、モイニハン両教授は「世界最大の経理部門が手続きの負担を消し去った」と書いている。[3]アメリカ政府はスラッジを生む恐れのあったさまざまな要素に目配りし、国民にはほんのわずかな手続きしか求めていない。簡素化が可能な一因は、社会保障庁（ＳＳＡ）が国民の所得を捕捉し、受給資格や給付水準を自動的に判断するようになっているからだ。受給資格があると判断された人は、インターネット上で手続きを済ませるか、全国一二〇〇カ所にある事務所に足を運ぶ。[4]そうすればたいてい一カ月以内に銀行口座に直接給付が振り込まれる。[5]

社会保障制度はある種のお手本といえるだろう。対象が高齢者であることから、受給者にほとんど何も要求しない。最近では車両管理局（ＤＭＶ）もこれに近く、免許保有者が数回クリックするだけで免許証が自動更新され、郵便で送られてくる。多くの退職者の場合、ほぼ手間をかけずに社会保障給付を受け取れる。

歴史を振り返ると皮肉に思えるのは、一九三〇年代には行政側に負担がかかりすぎるという懸念から、社会保障制度そのものに反対する意見が強かったことだ。[6]しかし連邦政府はそうした懸念を乗り越えた。その方法のひとつが社会保障番号の導入によって国民の生涯所得を容易に把握できるようにしたことだ。[7]ＳＳＡは懸命な努力を重ね、紛失した社会保障カードの再発行、受給申請、記録の更新、適正な給付の実施などで、受給者にほとんど手間をかけない仕組みの構築に成功した。[8]

受給者から見ると、社会保障は一般的によく機能している。高齢者の貧困率は現在わずか九％

だ。所得に社会保障給付を含めなければ、貧困率は四〇％に達するはずだ。[9] 受給者のほぼ三分の一が、収入の少なくとも九〇％をこの制度に頼っている。[10]

スラッジが少ないことが大きな要因となって受給率が高くなっている社会給付制度はほかにもある。最たる例が公的医療保険メディケアの「パートＡ（病院保険）」だ。社会保障の老齢給付か障害給付を申請した人は、自動的に登録される。[11] 保健福祉省が二〇一二年に公表した給付状況報告書によると、二〇〇〇年代初頭のパートＡの登録率は九九％となっている[12]（これが自動登録制度のすばらしい威力だ）。パートＢ（補足的医療保険）も九六％、パートＤ（外来処方薬給付）は九三％と、いずれも高水準だ。[13]

勤労所得控除

勤労所得控除（ＥＩＴＣ）は低所得の勤労者を対象とする、賃金の助成制度だ。ここでもスラッジのレベルは比較的低い。[14] 貧困層を対象とする支援制度の大半は、利用率が三〇〜六〇％とがっかりするほど低い。それに対してＥＩＴＣは約八〇％だ。[15] この数字にとても意味があるのは、ＥＩＴＣはアメリカの貧困対策のなかで最も効果的な施策の一つとされているためだ。この制度は労働への報酬を高めることから、労働参加率を大幅に高める効果がある。[16] さらに国内の貧困率も大きく下げ、とりわけ子供達の健康、認知能力、長期的な教育機会を改善する効果が大きい。[17]

ＥＩＴＣの利用率が比較的高いのは、スラッジが比較的少ないためだ。必要書類はわずかで、標準的な納税申告書さえあればいい（アメリカでは基本的にすべての個人が確定申告を義務づけられている）。内国歳入庁（ＩＲＳ）はＥＩＴＣを受ける資格のありそうな個人にシンプルでわかりやすいリマインダーを送っており、それが利用率の大幅な向上につながっている。[18] こうして認知的欠乏の克服を後押ししているのだ。ＩＲＳは無料で確定申告を支援するプログラムも運営している。制度を利用するのにイライラや辱めを感じることがほとんどないので、心理的コストは低い。

もちろん社会保障ほど手続きが簡単ではなく、自動登録ではないので、ＥＩＴＣのスラッジ削減は急務だ。人生を変える可能性のあるこの制度を、資格があるのに利用していない人がまだ二〇％もいるのは重大な問題だ。ＩＲＳの手元には、自動的に対象者を登録し、資格のある納税者に還付金を送付するのに十分な情報があるので、そうした方向に向かうべきだろう。[19] それでも受給者が求められる手続きは、かなり少ない水準にとどめられているといえる。

それはなぜか、と考えてみるべきだろう。こと社会保障については、連邦議会の政治家たちにスラッジ削減の強いインセンティブが働く。多くの高齢者が社会保障給付に依存しており、スラッジ削減を支持する強大な政治勢力が存在するのだ。一方、ＥＩＴＣが比較的成功を収めている要因は、産業界と低所得労働者の支援勢力という意外な取り合わせのおかげだ。[20] 産業界がＥＩＴＣに好意的なのは、低賃金労働に従事するインセンティブを高めるためだ。一方、低所得労働者を支援する人々は、ＥＩＴＣが低所得労働者の貧困削減につながると考えている。この二つの勢力が協力してきた結果、制度は十分手厚いとは言えないまでも、少なくともスラッジは抑えられてきた。

補助的栄養支援プログラム

残念ながら社会給付制度の多くには、もっと大きな負担が課せられている。かつて「フードスタンプ」と呼ばれた補助的栄養支援プログラム（SNAP）は、低所得世帯に食費を給付する仕組みだ。[21]アメリカ最大の食事補助制度であり、対象者は月三五〇〇万人、一人あたりの支給額は月一三〇ドルほどだ。[22]SNAPは受給世帯の子供達の食料確保と福祉向上に効果があることが示されている。[23]受給条件は総世帯収入が全国的貧困ラインの一三〇％以下であること、さらに（住宅費や保育費などの控除を差し引いた）世帯の手取り収入が全国的な貧困ラインの一〇〇％以下であることだ。それに加えて世帯の総資産も一定基準以下でなければならない。[24]

他の社会扶助制度と比べると、SNAPの利用率は比較的高い。[25]農務省の二〇一六年の推計では、SNAPの受給資格者の利用率は月平均八五％だ。[26]それでも受給資格のある相当数の国民が、SNAPの恩恵を享受していない。その一因はスラッジだ。[27]

申請と更新のそれぞれのプロセスに、かなりのスラッジが存在する。農務省は州によって利用率に差がある大きな要因はスラッジのレベルだと結論づけている。[28]ある調査では、SNAPの申請手続きを完了するには、平均五時間以上かかることが示された。地域の役所に二回足を運ばなければならないのに加えて、平均一〇・三一ドルの申請費用がかかっていた。申請書類はたいてい一〇ページを超える分量で、申請内容に虚偽があれば高い罰金や懲役刑を科せられる可能性があるという警告も含まれていた[29]。不可解な質問が含まれている州もあった。墓地の費用を前払いしていないか（二九州）、売血をしていないか（二州）、ビンゴで勝っていないか（一州）などで、答えが「イエス」の場合は証明書の添付が義務づけられていた[30]。

ひとつ好ましい動きとして、四七の州でオンライン申請が認められ、また多くの州が電話での面接を認める方向に変化してきたことが挙げられる。ただ申請者の反応は一様ではない[31]。政府側の意思決定プロセスに時間がかかり、必要とされる給付が遅れたり、できなかったりするケースもあるためだ。ある調査では季節的要因で失業し、月々の食費に事欠くようになった人の多くが、申請から給付の可否が決まるまでの期間として定められている三〇日以内に給付を受けられず、給付が決まったころにはもはや給付を必要としなくなっていることが明らかになった[32]。

こうしたことを考えると、多くの人にとって申請手続きを完了すること自体が困難であることがわかるだろう[33]。登録更新の手続きにもスラッジがある。プログラムの対象でありつづけるためには、各州が定めるルールに応じて定期的に受給資格があることを証明しなければならない。受給者が登録を抹消され、再申請しなければならないケースも多く、それは行政と受給者の双方にとって大きな負担となっている[34]。カリフォルニア州のＳＮＡＰ（「カルフレッシュ」と呼ばれる）の下では、更新月の月末までに面接を受けなければならないことになっている。面接を受けそびれれば、給付は受けられなくなる[35]。面接は一カ月の間にランダムに割り振られるので、受給者のなかには面接後に必要になる手続きを完了するのに四週間近く猶予がある人がいる一方で、面接から数日以内に手続きをしなければならない人も出てくる。[36]

ある重要な調査では、面接が割り振られる日付によって受給者が登録を更新できるか否かに大きな差が生じることが明らかになった。一カ月のなかで日付が一日遅れるごとに、更新できない人の割合が〇・三三％増えていたのだ。[37] とりわけ重要なのが、面接に行けなかった場合に再度予約を入れる機会だ。当然ながら最初に割り振られた日付が月末なら、予約を取り直す機会は大幅に少なくなる。更新に失敗しても最終的に再登録に成功する受給者も多いが、そのままプログラムの利用を諦める人も多い。

更新手続きによってスラッジが増えると、最も支援を必要としている世帯がふるい落とされ、制度の有効性が低下する。[38] こうした状況への対応として、一部の州は更新手続きを容易にするために努力してきた。しかし資格のない人に受給させた場合の州の罰則規定によって、そうした試みは壁にぶつかってきた。こうした規定は、各州が申請や更新の基準や手続きを厳格化する原因となってきた。[39]

貧困家庭向け一時援助金プログラム

貧困家庭向け一時援助金プログラム（ＴＡＮＦ）は連邦政府による地方自治体への包括的補助金の一つで、一九九六年に従来の「要扶養児童家庭扶助」プログラムに置き換わるかたちで、連邦政府の資金を使った子供のいる貧困世帯への現金扶助制度の柱として導入された[40]。ＴＡＮＦの推定参加率は年を追うごとに低下しており、一九九六年の発足時には対象世帯の六九％が受給していたのが、二〇一六年には二五％まで下がった[41]。二〇一八年には全国の貧困家庭一〇〇世帯のうち、わずか二二世帯しか受給していない状態に陥った[42]。一六の州では同年、貧困家庭のうち受給している世帯が一〇％を切り、その大部分がアメリカ南部か南東部の州だった。それに対して西部のカリフォルニア州では対象世帯の六八％が給付を受けている[43]。こうした格差によってとりわけ重大な影響を受けているのが、受給率の低い州に住んでいる割合が高いアフリカ系アメリカ人の子供達だ[44]。

この問題の大きな要因がスラッジだ。ＴＡＮＦの申請手続きにはとほうもない労力がかかる。長々とした申請書類を書き、遠くの役所まで足を運び、さらに添付資料も山ほど用意しなければならないことが多い[45]。それに加えて多くの州が、ＴＡＮＦに「まず就業」という条件を付けている。申請者は受給可否の決定前に、就業オリエンテーションに参加するなど、少なくとも求職活動をしなければならない[46]。

とりわけ複雑な申請手続きを課しているのがニューヨークシティだ。まず手続きの初期段階で、二つの会場で受給資格を審査するための面接を受け、それから役所の担当者から自宅訪問を受ける。さらに就業のためのオリエンテーションへの参加が義務づけられ、さらに三七日間にわたって毎日求職活動の講座に参加しなければならない[47]。このような要求事項は、主に二つの集団の制度利用を困難にしている。一つは給付見込み額が比較的少ないため、これだけの手続きを踏むのは割に合わないと考える層、そしてもう一つはきわめて厳しい状況に置かれ、このような負担に耐えられない社会的弱者だ。[48]

ＳＮＡＰと同じように、今ではＴＡＮＦについても多くの州がオンライン申請を認めるようになった。[49]だが残念ながら、基本的なツールが整備されていないケースも多い。たとえばほとんどの州は、いったん申請フォームを送信した後に情報を修正することを認めていない。また申請手続きがどこまで進んだのか、ステータスをネット上で確認することもできない。[50]受給者に就業を強く求めるＴＡＮＦの場合、特に問題となるスラッジが福祉センターの営業時間だ。営業時間が短いことが、仕事を持つ多くの受給者にとって制度を利用するための手続きをする障害となっている。

ＴＡＮＦの受給ルールは複雑なことが多く、州による違いも大きい。このため自分に受給資格があることに気づかないケースもあり、制度の利用を阻む大きな要因となっている。[51]また資格があるかもしれないと気づいていても、申請方法がわからなかったり、重要なルールを誤解していたりすることもある。[52]ルールや申請手続きを調べるのは負担であり、特定の層にとりわけ悪影響を及ぼす。[53]ＴＡＮＦ対象者の多くには現在バイアスがあり、給付を受けられる期間が限られていることに思いが至らず、申請を先延ばししてしまい手遅れになる傾向があることを示すエビデンスもある。[54]

ＴＡＮＦの利用状況について注目すべき点の一つは、受給資格のあるヒスパニック系世帯の利用率が相対的に低いことだ。[55] 社会扶助を受けることで法的不利益を受けるのではないかという不安が原因かもしれない。合法的移民の受給資格について誤解があるのかもしれない。[56]

医療費負担適正化法

医療費負担適正化法（ＡＣＡ）[57]、通称「オバマケア」をめぐってはスラッジが重大な問題となっており、国民に深刻な不利益をもたらしている。ＡＣＡの主な目的は、国民が低いコストで医療保険に加入できるようにして、既往症や治療費のかさむ病気を抱えた人が保険加入を断られないようにすることだった。ＡＣＡが目論見どおりの成果をあげれば、無保険の国民は大幅に減少し、それによって国民の疾病率や死亡率が改善するなど、健康度が大幅に向上するはずだった。

多くの面で、ＡＣＡは想定どおりに機能している。しかし当初から連邦制度は大きな課題を抱えていた。その一因が大量のスラッジだ。オバマケアの構想自体に激しく反発した二七州は、保険取引所の導入を拒絶した。[58] 国民があまりスラッジに悩まされず、簡単に医療保険に加入できるようにするはずの仕組みだった。その結果、この二七州には保険取引所がない。州の住民は代わりに連邦政府の取引所を通じて保険の申し込みをしなければならず、より手間のかかる手続きを求められることが多い。具体的には、保険加入が認められた申請者はまず連邦政府から、州のメディケイド（低所得者向け公的医療保険）に加入資格があるという通知を受けとる。それから連邦政府が申請者の資料を州に転送する。それを受けて州が加入審査にとりかかる。[59] この手続きには何カ月もかかることもあり、数百万人が宙ぶらりんの状態に置かれてきた。

ＡＣＡが始まった当初、オバマ政権は行政手続きの負担を減らし、スラッジをなくすよう努力した。どのような選択肢があるのか国民に周知するため制度の広報活動に力を入れ、登録プロセスの簡素化に向けて積極的な措置をとった。ＡＣＡの支持者から見ればおよそ十分ではなかったが、それはあくまでも第一歩のはずだった。しかし次の政権は対照的に、政策としてＡＣＡに乗り気ではなく逆方向に舵を切った。そのひとつの表れが広報資金の削減だ。登録期間も短くした。[60] ほかにもさまざまな措置によって、ＡＣＡの手続きを煩雑にし、スラッジを大幅に増やした。

制度が始まった当初、政府の取引所経由でＡＣＡに登録した人は、自ら登録内容の変更を申し出たり、新たな保険に切り替える手続きをしないかぎり、自動更新されていた。だがトランプ政権は二〇二〇年二月、保険料を全額税額控除でまかなっている人の自動更新を廃止し、毎年医療保険を選び直すことを義務づけるルールを提案した。[61] 有力シンクタンクの「予算・政策優先度決定センター」は、新たなスラッジを生み出すこの政策変更によって、低所得の利用者が特に大きな打撃を被ると訴えた。[62]

二〇一三年一〇月に連邦政府が医療保険取引所サイト（HealthCare.gov）を開設した当初はさまざまな問題が発生し、批判の声が殺到した。簡単にいえば、サイトはまるで使いものにならなかったのだ。当局はすぐに大幅な改善を加え、主要な問題を解決し、スラッジを削減し、使い勝手を向上した。広報や啓発活動、サイトにアクセスしようとする人々への個別支援を実施する「ナビゲータープログラム」も立ち上がった。個別支援サービスはいわば市民がスラッジを克服するための助っ人であり、スラッジ退治の役割を担っていた。ウェブサイトや電話による相談窓口よりも、相談者に寄り添ったアドバイスを与えることができた。たとえば一時的に居候している家族が税法上の扶養家族に該当するかどうかを助言するといった具合に[63]。

二〇一三年にはナビゲータープログラムに一億ドルの予算が付いていたが、トランプ政権は二〇一七年にそれをわずか一〇〇〇万ドルに削減した[64]。その影響を正確に測るのは難しいが、資金の大幅な減少によって広報・啓発活動は縮小を余儀なくされた。同時に個別支援も縮小された。当然の結果として、医療保険への加入手続きを完了できる人は減少した[65]。

オバマ政権時代には連邦政府自体が、国民に向けて医療保険に加入できることを積極的に広報した。そのひとつの方法として、メールで直接国民に連絡をとり、保険への加入や再加入を働きかけた。トランプ政権下ではこうした活動は大幅に縮小された。たとえば二〇一七年一一月に担当部署が加入を呼びかけるメールを送ったのは、すでに医療保険に加入している人だけだった。過去に加入していた人、あるいは連邦政府の保険取引サイトにアクセスした人など、データベースに含まれていた二〇〇〇万人近い人々にはメールは送らなかった[66]。その結果、多くの人が自分にどのような選択肢があるか気づかない、あるいは自力で調べる（あるいはＡＣＡに関するわずかな広告を参考にする）ことを余儀なくされた。要は情報入手の負担が、ある種のスラッジになったのだ。

ＡＣＡの下では、メディケイドの対象を拡大した州には助成金が出る。この結果、三七州がそれを受け入れた[67]。すべての州は所得、世帯規模や家族構成、障害など複数の要因に基づいてメディケイドの加入資格を定めていたが、ＡＣＡの対象拡大策を受け入れた州では、所得基準さえ満たせばメディケイドに加入できるようになった[68]。だがトランプ政権は一転、メディケイドの対象を抑制するため、各州にメディケイドの加入要件に就業を含めるよう要求した。こうしてメディケイド加入者は、就業あるいは就学していることを証明する追加書類を提出しなければならなくなった[69]。

一部のメディケイド加入者にとって就業要件を満たすのはきわめて困難だった。全米でメディケイドの潜在的対象者の約八〇％が、就業者と同居しているものの自らは就業していない。他州の先陣を切って就業要件を取り入れたアーカンソー州では[70]、新たに就業要件の対象となった人の七五％以上が車を持たず、インターネットにアクセスできず、高校を卒業しておらず、自身や家族が重大な健康上の制約を抱えていた[71]。こうしたさまざまな困難を抱えつつも多くの人が仕事に就いていたが、就業時間がメディケイド加入に必要な基準に達していなかった[72]。

しかし本当に深刻なスラッジに直面したのは、なんとか加入要件を満たし、州のオンラインシステムを通じて登録することになった人々だ。まずアーカンソー州のメディケイド加入者の多くは自宅にパソコンがなかった。このため友人のパソコンを借りるか、公共図書館のパソコンを使ってポータルサイトにアクセスしなければならなかった[73]。さらにポータルサイトにも大量のスラッジが仕掛けられていて、登録しようとする人々はメディケイドに情報を登録するためのアカウントにアクセスしたり、どんな情報を登録すべきか把握するのに手を焼いた。ある加入者はこう報告している。「私は友人からコンピュータを借り、そのうえ手続きを手伝ってもらわなければならなかった。（中略）とても頭のいい友人たちの助けを借りても、アカウント開設という第一関門をクリアするまでに一〇時間半を要した[74]」。

高齢者向け医療保険制度（メディケア）

メディケアはほぼすべての高齢者を対象とする医療保険だ[75]。すでに述べたように社会保障の受給資格がある人は通常メディケアの受給資格もあるため、保険への加入手続きそのものはとても簡単だ。それにもかかわらずメディケアには多くのスラッジが存在する。メディケアに加入する際に、サービスを選択するプロセスが非常に複雑なのだ。補完的医療保険はどれを選ぶべきか。処方薬保険はどれを選ぶべきか。「メディケア・アドバンテージ・プラン」を契約したほうが得なのか。いずれも回答するのは難しい問いであり、しかも高齢者には認知能力が低下している人も多い[76]。ハード、モイニハン両教授はあるメディケア加入者の発言を引用している。「腹立たしいのは、私達が隠居するのを待って、こむずかしい話をふっかけてくることだ[77]」。

メディケアの加入者がこの過程で選択を誤り、余計なお金を支払っていることを示す行動学的エビデンスはたくさんある。[78] だからこそ政府はオンラインツールの導入、電話相談（電話がつながるまでの待ち時間は短く）、そしてカスタマイズされた推奨機能などによって手続きを簡素化すべきだ。[79] 自動的に手続きを済ませたい人向けにはスラッジをほぼ完全に取り除いた手続きを用意する一方、自分で保険を選びたいという人にはもっと複雑で、情報処理能力を求められる手続きを用意するというのは特段難しい話ではない。

職業上の免許

仕事を始める際に免許を取得しなければならない職種は多い。資格があることを証明できなければ、建築家、教師、看護師として働くことはできないというルールは理にかなっている。だが資格があることを証明するため、具体的に何を求めるべきか。職業や地域によって免許取得にかかわる負担には大きなばらつきがあるが、過剰な負担を課しているケースは多い。うんざりするほどのスラッジがあるのだ。それは人々の暮らしに重大な悪影響を及ぼす。このテーマだけで本一冊が書けるほど（実際に書くべき）だが、ここではいくつか主だった点を指摘するのにとどめる。

アメリカで職業にかかわる免許を取得するためには、平均して二四八時間の講習を受ける必要がある[80]。また実際に仕事を始める前に、一定の経験を積まなければならない。比較的所得の低い一〇二の職業について免許取得の負担を調べた調査では、関連法規によって平均一年近い教育と実務経験が求められていることがわかった[81]。

なかには免許取得のための要求事項がきわだって重い職業があり、比較するとその異様さが際立つ。インテリアデザイナーになるためには平均二一九〇日かかる。これは公立幼稚園の教諭になるのに必要な日数（二〇五〇日）をも上回る[82]。他にも要求が厳しい職種として、大工・キャビネット製造請負業者（免許が必要なのは三〇州、平均所要日数は三六八日）、シャンプーを担当する人（三七州、二四八日）、庭師（七州、五七四日）などがある[83]。

書類の手続きが膨大な州もある。サウスダコタ州美容委員会のウェブサイトには、美容師業だけで一六種類もの書式が並んでいる（なかには特定の依頼や便宜を求めるときだけに必要なものもある[84]）。

職業上の免許の手続きに時間がかかることは、とりわけ労働者が州を越えて移動するときに問題となる。別の州に引っ越すと、それまでと同じ仕事を続けるために免許を取り直さなければならない。特にこの影響を受けるのが、頻繁に配置換えと転勤のある軍人の配偶者だ。二〇一八年、国土安全保障省と国防総省は、州を移動した際の職業免許の取得手続きにかかる期間をまとめたリストを作成した[85]。リストに含まれた職業の大半で所要期間は数カ月、なかには一年近くかかるものもあった。

学生ビザ

アメリカで学びたい学生は多く、実際にその機会を与えられた場合、学生自身だけでなく、アメリカ自体に大きな恩恵をもたらす。その恩恵を数値化する場合、どのような前提を置くかで変わってくるが、ある調査では留学生は二〇一八〜一九年度にアメリカ経済に四一〇億ドルの恩恵と、四六万人の雇用をもたらしたとされる[86]。留学生の獲得をめぐる国際競争は熾烈で、多くの国が留学生にとっての魅力を高める努力をしている。中国（留学生のシェア九％）、カナダ（同八％）、オーストラリア（同五％）がいずれも大幅にシェアを伸ばす一方、全世界の留学生に占めるアメリカのシェアは二〇〇一年の二八％から二〇一九年には二一％に低下した[87]。

新型コロナウイルス感染症のパンデミックに伴う政策と同じように、留学生の受け入れにさほど熱心ではなかったトランプ政権の政策をひとくくりにして見ていこう。なぜ比較的長期にわたり、留学生の数は減少したのか。ある調査では、スラッジ満載のビザ申請手続きが大きな要因であったことが示されている[88]。留学を検討している学生を対象に二〇一五年に実施された調査では、アメリカはビザ手続きで最下位にランク付けされた。回答者の五〇％以上が「ビザ手続きが困難、複雑だ」としている[89]。

問題を理解するために、留学生が合法的にアメリカで勉強する際に取得するビザには、基本的に三種類あることをまず知っておこう。（一）学生を対象とするFビザ、（二）職業教育校の学生を対象とするMビザ、そして（三）交流訪問者のためのJビザである。このうちFとMは国土安全保障省傘下の「学生および交流訪問者ビザプログラム（SEVP）」が管理する。一方Jビザは国務省が管理するプログラムだ。[90]

もちろん、このうち最も重要なカテゴリーがFビザで、「SEVP認定校に就学し、学術課程を修了することを主な目的とする非移民」を対象としている。数字だけを見ればダントツで人気のあるビザで、二〇一九年の新規発行数は三九万件、[91]二〇一八年時点の保有者は（Mビザの学生と併せて）一五五万人に達する。M1ビザはF1ビザと似ているが、一つ大きな違いがある。M1は学術機関ではなく、職業教育校の学生を対象とする点だ。二〇一九年の新規発行数はわずか九二二七件で、M1ビザ保有者の扶養家族を対象とするM2ビザの発行は二九一件にとどまる。[92]J1ビザは文化交流を促進するプログラムの参加者を対象とする。間口の広いプログラムで、学生や研究者のほか、オペア（家事手伝いをしながら語学などを勉強する人）、インターン、政府の訪問者なども含まれる。（J1保有者の扶養家族を対象とする）J2を含めて、二〇一九年の発行数は三九万件超だ。[93]

ビザ申請手続きで最大のスラッジが、書類記入や手続きの複雑さと数の多さだ。たとえば正式なF1ビザ申請手続きには、通常少なくとも次のステップがある。[94]

一　留学を希望する学生は、就学予定の大学に学業を支えるための十分な資金があることを示す証明書を提出しなければならない（扶養家族がいる場合は追加書面が必要になることもある）。情報の裏づけとして銀行やスポンサーなど複数の関係者からの正式な書面も提出する必要があり、あらゆる通貨は米ドルに換算しなければならない。さまざまなスポンサーから情報を取り寄せる必要がある場合などは、特に時間のかかる手続きだ。

二　大学側は情報を受領したら、「Ｉ－２０」と呼ばれる書類を作成し、留学生に送付する。この手続きには二〜三週間かかることもある。

三　大学から「Ｉ－２０」を受け取った学生は、ビザのオンライン登録システムの利用登録をするため「ＳＥＶＩＳ」手数料三五〇ドルを支払う。さらにシステム上で「Ｉ－９０１」に記入する（幸い、一ページだけの短い書類だ）。ほとんどの学生はこの手続きをオンライン上で完了できるが、一部のアフリカ諸国で生まれた学生は郵便為替で手数料を支払い、アメリカに書類を送付しなければならない。その後ビザが発給されなくても、手数料は返還されない。[95]

四　ＳＥＶＩＳから手数料の受領通知を受け取った学生は、ようやくオンラインでビザ申請書類（「ＤＳ－１６０」）に記入することになる。ＤＳ－１６０は非常に分量が多い書類で内容も細かく、国務省はすべて記入するのに約九〇分かかるとしているが[96]、その見積もりを甘いと考える学生も多い。たとえば過去五回のアメリカ訪問時（滞在期間は問わない）のフライト情報、就業状況に関する情報、過去に取得したビザの情報、家族の情報（両親の職業や学歴）、ＳＮ

Sのアカウントなどの個人情報の記入を求められる。作業中にウェブサイトがタイムアウトしてしまい、それまで登録した情報が失われ、何度も最初からやり直す羽目になったと報告するユーザーも多い。

さらに学生ビザの申請手数料として（SEVISに支払った手数料とは別に）一六〇ドルの支払いを求められる[97]。これも返金不可だ。この手数料についてはクレジットカードを使ったオンライン決済ができないケースもあり、国によって利用可能な手段は大きく異なる（たとえばシンガポールでは地元の郵便局で支払うことが求められる[98]）。

DS－160に添付する写真の仕様が細かすぎると感じる留学生も多い。仕様は非常に細かく、通常のパスポート用写真とは異なるため、ビザ申請者は大使館が推奨する写真スタジオに足を運ばなければならないこともあり、さらに時間と費用がかかってしまう[99]。

五　学生はDS－160を提出すると、アメリカ大使館か領事館での面接の予約を入れる。面接までには数週間かかることもある。大使館を訪問する回数にはバラツキがあり、一回あたり数時間からほぼ丸一日かかることもある（たとえばロンドンのアメリカ大使館は待ち時間を二～三時間と見積もっている[100]）。大使館では面接前に手荷物検査や指紋採取を受けなければならない[101]。面接に携帯電話や電子機器を持ち込むことは認められない[102]。面接自体はたいてい数分で終わり、主に学生にアメリカに滞在するための資金があるか、学業が終わった後自国に帰国する意思があるかを聞かれる。

面接が終わると、申請者はたいていすぐにビザが発行されるか否かを知らされる。[103] ビザが発行されなかった場合は、新たな情報を提示し、手続きを最初からやり直すしか打つ手はない。ただ申請者の名前が何らかのデータベースに含まれていると（過去のビザがオーバーステイだった、安全上のリスクがあるなど）審査官が「追加的審査」が必要と判断する場合もある。その場合、学生は追加情報の提出を求められ、ビザ発給までの時間が大幅に伸びることもある。二〇一九年にはこの追加的審査に認められる期間が六〇日から一八〇日に延長された。[104]

すべてを合わせると、通常のビザ申請手続きでは少なくとも四種類の書類に記入し、二度にわたり合計五一〇ドルの手数料を支払い（支払いのルールや制約は場所によって異なる）、たいてい大都市にしかないアメリカ大使館に少なくとも一度は足を運ばなければならない。一般的なケースでも手続き全体には少なくとも一～二カ月はかかる。ビザが下りない可能性も高い。たとえば二〇一九年にはＦ１ビザ申請者の二五％にビザが下りなかった。[105]

ここに挙げただけでアメリカに留学しようとする国外の学生が直面するスラッジを網羅できているわけではない。また単純にここに挙げたスラッジを七五％、五〇％、二五％、あるいは一〇％削減するべきだと主張するつもりもない。その多くに正当な目的があるからだ。特定の人々にビザ申請を諦めさせる目的で設けられているスラッジも間違いなくある。それでも費用対効果を分析したとき、有用だと判断されるスラッジがどれだけあるかという疑問は残る。

憲法上の権利

スラッジが言論の自由を大きく制約することはすでに見てきた。信仰の自由、私有財産の保護、刑事司法上の権利を脅かすこともある。ここでは特に今日的な意味があり、しかも厄介な二つの問題を見ていこう。人工妊娠中絶の権利と投票する権利だ。この二つの問題が複雑なのは、理性的な人のあいだでも適正なスラッジのあり方について大きく意見が分かれるからだ。人工妊娠中絶については倫理的な意見対立が大きく、投票権については不正投票を防ぐのにどれだけのスラッジが必要かという論点がある。

人工妊娠中絶

現行法の下では、妊娠中絶の権利をめぐる規制は「不当な負担」を課すものでないかぎり、州に委ねられている。[106] この基準はやや曖昧で、各州が中絶を思いとどまらせるためにスラッジを課すよう促しているようにも思える。実際、多くの州がこの誘いに積極的に応じている。[107] たとえば妊婦に強制的にカウンセリングを受けさせ、中絶のプロセスだけでなく胎児の感じる痛みまで説明している。また超音波検査（エコー検査）を受けさせたり、何度もクリニックに足を運ばせたり、相当な待機期間を設けたりしている。[108] 女性が医師と面談してから七二時間の待機期間を課したり、中絶を思いとどまらせるための「シナリオ」を聞かせたりする州もある。[109] こうした要求事項は時間の面でも学習内容の面でも、さらには社会的汚名を着せ、屈辱を感じさせるといった点においても明らかな負担を課す。

いまや中絶の権利の行使を思いとどまらせる方法として、多くの州がスラッジを選択している。すでに指摘したように、これを好ましいと見るか好ましくないと見るかは、個人の倫理観によって決まる。計り知れないほど重要なリスクを伴う判断を下す前に、熟慮を促す合理的なナッジととらえるか。あるいは女性の基本的権利を侵害するような過剰なスラッジととらえるか。いずれにせよここにスラッジが存在することは明らかだ。

質的に異なるさまざまなコストが存在することを示すため、ハードとモイニハンはウィスコンシン州で課せられる中絶手続きに苦しんだ三五歳の女性の言葉を引用している。

> 私はショックを受け、恥ずかしい思いをした。うんざりするほど待たされた。そしてようやく診察室に呼ばれた。今度は夫も同行してよいという。そして二人でビデオを観させられた。それもまた州法で決められているという。ビデオは養子縁組、里親制度、中絶の危険性、女性の権利などについて語っていた。いつまでも終わらないようで、子供扱いされているような気がした。夫は心配そうで、困っているようだった。それからビデオで説明された内容

を理解したという書面に署名させられ、しばらく待たされた。ようやく看護師が帰ってきて、再び待合室へ案内された。しばらくしたら呼ばれるという。[110]

スラッジの効果はてきめんのようだ。ある調査では、スラッジによって中絶のコストは一九％増加し、中絶件数は一三～一五％減少するという。[111]影響は、医師の力を借りずに中絶を試みる女性の増加というかたちであらわれている。[112]とはいえ妊娠中絶をめぐるスラッジを支持する人々にも、反論の根拠はある。カソリック系団体『ナイツ・オブ・コロンバス』からの寄付によって超音波検査を受けたある女性の言葉を紹介しよう。

その一瞬で私の心は変わったというしかない。（中略）大画面に赤ん坊の画像が映し出された瞬間、自分は母親になるのだと確信した。それまでの考えなど吹き飛んだ。子供が愛おしい、子供を守らなければならないという思いしかなかった。娘の小さな足、小さな手がはっきりと見えた。画面でその姿を見ながら、娘の心音を聞いた。そのときもらったエコー写真は今でも持っている。私の人生が変わった日だ。[113]

投票する権利

「人種、肌の色、あるいは過去の隷属状態を理由に」投票権を否定することを禁じるアメリカ合衆国憲法修正第一五条が批准されたのは一八七〇年のことだ。だがそれ以降もアフリカ系アメリカ人から投票権を奪うために、スラッジが使われてきた。数十年に渡ってよく使われていたのが読み書き能力のテストで、それが投票権法によってようやく禁止されたのは一九六五年になってからだ。近年、投票はより便利になり、有権者登録も一般的に容易になってきたという意味で、多くのスラッジは軽減された。[114] だが今も厳然と存在しており、一部の州では増加している。スラッジが政治手段として使われているのは明らかで、とりわけ共和党のリーダーたちは自分たちが当選しやすくなるようにスラッジを増やそうとしている。[115]

国民を有権者名簿から削除してしまえば、その人たちは再び登録手続きを踏まなければならず、スラッジが生じる。少なくとも一つの州では、前回選挙で投票しなかったというだけの簡単な理由で、該当者を有権者名簿から削除することを認めている。二〇一七年末にジョージア州では名簿から削除された有権者の数は六六万人に達し、[116] これは州民全体の六％以上にあたる（分母を有権者に限れば、この割合はさらに高くなる）。多くの州は何らかの理由で（引っ越し、選挙権を制限する有罪判決、死亡など）投票権を失った人が有権者名簿に残り、投票するという事態が生じないように、頻繁に有権者名簿の「大掃除」をしている。もちろんこれは正当な対応だが、多くの誤りが起こり、有権者がスラッジに直面する可能性も大きい。投票所まで足を運んだのに投票できない人、あるいは仮投票しかできない人も生じるだろう。

ブレナン・センターの報告書によると、二〇〇八年から二〇一八年の間に全米で有権者名簿から削除された人の数は三三%増加した[117]。一部の州は一定期間一度も投票しなかった人、あるいは通知に返答しなかった人を削除し、再登録を求めた[118]。ニューヨークシティ選挙管理委員会は二〇一四年から一五年にかけて、更新書類を出さなかった人、二〇〇八年以降一度も投票していない人、（全国住所変更データベースに従って）転出した人など合計二〇万人の登録を削除した[119]。市当局は削除される見通しの有権者に通知を送ったが、自動削除までの猶予は一四日間しか与えなかった[120]。

一部の州は、投票の際に州が発行する写真付き身分証明書の提示を求めている[121]。特段乗り越える負担の大きいスラッジには思えないかもしれないが、推計ではアメリカ国民の約一一%が州の発行する身分証明書を持っていないとされる（アフリカ系アメリカ人に限るとこの割合は二五%に達する）[122]。多くの大学生が有権者の身分証明に関する法律によって、選挙権を剥奪《はくだつ》される可能性もある。ノースカロライナ州ではかつて登録に利用できる身分証のリストから州立学校の発行したものも含めて学生証全般が除外されていた。判決によってその規定を定めた法律が無効とされ、新たな法律が成立するまでそうした状態が続いていた[123]。

また一部の州は居住条件を厳格化し、市民権の証明を求めるようになった[124]。投票権をめぐっては、さまざまなタイプの行政手続き負担がアフリカ系アメリカ人、高齢者、低所得層からその権利を奪っている[125]。数あるスラッジのなかでもとりわけ陰湿なのが投票所の数を劇的に減らし、投票所の列が極端に長くなるようにすることだ。その結果、有権者が投票するまでに七時間も待たされるケースもある。一部の地域では特定の有権者層の投票を妨げるため、こうした負担が意図的に課されている。

こうした状況をどう形容すべきだろう。私は恥ずべきことだと思う。さまざまな改革によって状況を改善することができる。自動登録がすばらしい方法であることはすでに見てきた。パンデミックの最中、そしてもちろんパンデミック収束後も、郵便投票も有効な手だろう。投票日に労働者が有給で休めるようにするのもいい[126]。投票はスラッジとは無縁であるべきだ。

第五章　スラッジが必要な理由

ここまでの主張と矛盾するようだが、スラッジが重要な目的を果たしているケースも多い。ときには不可欠なこともある。不要な支出を防ぎ、命を守るケースさえある。スラッジは無謀さ、残酷さ、自己中心性、そして強欲といった人間の最も醜い衝動を抑える手段となる。スラッジが正当化できる場面として、容易に思い浮かぶものを六つ挙げよう。

一　社会給付の受給資格を確認し、制度の健全性を守る。
二　自制心がうまく働かないときの防御装置となる。
三　プライバシーを守る。
四　安全を守る。
五　給付の対象を最も必要としている層あるいは最も優先度の高い層に絞る。

六　重要あるいは必要不可欠なデータを収集する。

それぞれ詳細に説明すべきテーマだが、本章では深入りせず基本的な部分を述べるにとどめる。これから見ていくように、スラッジには正当化できるものも多い。本章はいわば適切なバランス感覚を養うための議論だ。スラッジの撲滅を検討する際には、問題となるのは具体的にどのようなスラッジなのかを理解しておく必要がある。とはいえ世の中には過剰なスラッジがあふれているという本書の基本的立場は変わらない。

社会給付の受給資格を確認し、制度の健全性を守る

政府機関がスラッジを課すのは、たいてい法律の規定どおりに給付制度を機能させたいという考えからだ。制度の受給には制限がある。スラッジを設けることで、そうした制限が順守される。メディケア、メディケイド、勤労所得控除、社会保障などを、資格のない人が受け取ることがあってはならない。スラッジの多くは受給資格の判断に必要な情報を集めるための手段だ。

投票権をめぐるさまざまなタイプの手続きも、投票をする人たちが既存の法的要件を満たしているか確認する手段として正当化できるケースも多い。公的支出を伴う制度の場合、「不正、ム

ダ、悪用」を防ぐ手段としてスラッジを正当化できる。[1] スラッジはこの三つを抑制するために使われることがある。

スラッジは個人情報を集めるために課されることが多い。職歴、所得、前科（あれば）、信用情報、家族歴、旅行歴、居住地の変遷などだ。政府関係の仕事に就こうとする人々、とりわけ国家の安全保障にかかわるレベルの公職に就こうとする人々は、こうした情報を事細かに提出しなければならない[2]（これには膨大な時間がかかり、必要な情報をすべて提出しない人もいる）。求職者の側から見れば、ありがたいものではない。しかし正当化できるスラッジだ。学生をはじめ外国人がアメリカのビザを申請するとき、あるいはアメリカを訪問するときに求められる厄介な行政手続きも、法的要件を満たし、国家の安全を守るために必要なものかもしれない。

これは公的部門に限らず、民間部門も同じだ。銀行をはじめさまざまな組織が大量のスラッジを生み出している。融資を受けようとする人はスラッジに直面する。主な理由は、本当に融資を受ける資格があるかを確認するためだ。住宅ローンを借りる手続きを、時間がかかり面倒で、少し屈辱的だと思う人もいるかもしれない。しかし銀行としては返済できない人に多額の資金を渡すわけにはいかない。顧客を獲得するため、スラッジを最小限にとどめている企業が多いのも事実だ。一方で、適切な層を顧客とし、サービスを提供する手段としてスラッジを使わざるを得ないケースもある。病院で患者が直面するスラッジにも、正当な理由があるかもしれない。

情報が入手しやすくなり、また機械学習が進歩したことで、政府も企業も必要な情報を独自に集められるようになった面もある。民間部門では「事前資格審査（プレクオリフィケーション）」という概念も使われるようになった。特定の消費者に商品やサービスを利用する資格があることを、企業があらかじめ判断するのに十分な情報を持っていることを指す[3]。政府や企業のほうで、利用者のために申込書類に必要事項をあらかじめ入力することもできる。その結果、書類そのものが不要になるかもしれない[4]。これは利用者から見ればありがたいことで、政府はこうした技術をいまよりはるかに積極的に活用すべきだ。徴税分野での劇的な改善例が「リターンフリー・ファイリング」、すなわち納税者が税務申告書を作成する必要が一切なくなる仕組みだ[5]。デンマークなど一部の国がすでに導入している。アメリカで「リターンフリー」を導入すれば、毎年国民が税務申告書の作成に費やしている数十億時間が削減できる。時間の経過とともに、この方向へ向かっていくだろう[6]。

だがこうした動きはまだ始まったばかりだ。現在そして当面、「制度の健全性」はスラッジを正当化する最もわかりやすい理由でありつづけるだろう[7]。たとえば内国歳入庁（ＩＲＳ）が勤労所得控除の対象者と思われる人々に還付金を支払うケースを考えてみよう。その仕組みを低コストで運用でき、また対象者と思われる人々が本当に条件を満たしていれば、ＩＲＳの判断に反対する理由はない。ただ言うまでもなく、問題は「対象者と思われる人」という部分にある。還付金を受け取る人のなかには、本来対象外の人も含まれているかもしれない。社会給付制度を自動登録制にした場合、法的基準を満たさない受給者が発生するリスクは常にある。

この場合、政府は二者択一を迫られる。（一）受給資格があるのに、給付を受け取れない人が一定数出る設計、あるいは（二）受給資格がないのに、給付を受ける人が一定数出る設計だ。容易な選択ではない。またどのような基準に基づいて、二つのうちどちらか一方を選択すべきかも定かではない。制度の健全性が誤りの数によって決まるなら、純粋に数字を根拠に（一）か（二）を選べばいい。どちらのほうが数は多いだろうか。たとえば自動登録にしてスラッジを削除した場合、それまで給付を受けていなかった対象者を新たに五〇万人救えるとする。一方、一定のスラッジを導入すると、不正受給者を四九万九九九九人減らせる。その場合は自動登録のほうが正しい、といった具合に。

だがもっと別の考え方もできる。自動登録にすることで、新たに二〇万人の制度対象者が給付を受けられるようになる一方、本来対象ではない人も新たに二〇万一〇〇人給付を受けるようになったとする。ただ、この二〇万一〇〇人が「ほぼ条件を満たしている」、つまり比較的貧しい人々であるなら、彼らに給付というかたちで多少の経済支援をすることはそれほど間違ったことではない、ともいえる。一方、納税者のお金を使う際には明確な制限を設けるべきで、そうした制限に違反することは断じて許すべきではないと考える人もいるだろう。後者の考えに立てば、わずかでも制度の健全性が損なわれ、対象外の人が恩恵を受けるのは容認しがたいことになる。

この考え方を突き詰めると、大勢の対象者に給付を届けることよりも、ごくわずかの不正給付を防ぐほうが重要ということになる。私は法律がそれを要求しているのでないかぎり、このような極端な立場をとるべきではないと考える。本来の対象者が新たに一〇〇万人給付を受けられるようになるのなら、（完全にではないにしても）ほぼ条件を満たしている一〇〇人に給付を払うという代償は十分割に合う。だが正確なトレードオフは自明ではなく、意見は分かれるだろう。

この事例はつまらないものに思えるかもしれないが、政府は常にこのような問題に直面している。企業、大学、非営利組織、ホームレスの支援施設や病院なども同様だ。スラッジが増えれば、何らかの恩恵を不正に受け取る人は減るだろう。それは好ましいことだ。スラッジを減らせば、本来対象ではない人が恩恵を受けるリスクは高まっていく。それは好ましくない。

もちろんスラッジが不要なケースもある。スラッジがなくても制度の健全性が保たれる状況だ。州や地区の教育委員会が無料給食の対象者を（保護者の申請なしに）直接承認する制度では、対象者の選定がきわめて高い精度で行われているようだ。制度の対象ではない子供が承認されるケースはわずかだ。多くの制度で不正な受給を増やすことなく、対象者を自動的に登録し、スラッジを減らすことが可能になってきている。ここで唯一強調しておきたいのは、多くの場合トレードオフは必然的に発生し、その是非をめぐる判断は人によって異なるということだ。

有権者登録の問題について考えてみよう。スラッジを撲滅し、投票する資格のある人全員を有権者として登録できたら一番いい。しかも、それは可能かもしれない。すでに見てきたように、有権者の自動登録制という（すばらしい）アイデアへの支持は広がっている。その一方で不正を防ぎ、投票プロセスの健全性を担保する手段としてスラッジの必要性を指摘する声も根強い。[8]常識的に考えれば、スラッジ削減によって資格のある人すべてが投票できるようになる一方で、(一部)資格のない人も投票できるようになってしまう。この二つの集団の規模が重要であるのは間違いない。

スラッジによって自制心を働かせる

スラッジが必要だとする根拠のなかでも最も興味深く、また最も奥深いのが「人間は間違いを犯しうる」という厳然たる事実への的を射た対応としてスラッジを温存すべきという考え方だ。要するに、多種多様なスラッジが存在するのは私達により良い判断を促すため、自制心の欠如、無謀さ、衝動に抗うためだというのだ。スラッジは私達を自らの間違いから守ってくれる。このためスラッジは行動上の問題に対する分別ある対策とみなすこともできる。

行動科学者は人間の頭のなかでは二種類の認知が活動していると考える。すばやく直感的かつ感情的な「システム1思考」と、熟慮や内省といった「システム2思考」だ。[9] スラッジはシステム2の働きを強化する手段といえる。システム1が動揺し、感情に振り回されているときにスラッジが黄色信号の役割を果たし、システム2に主導権を握らせるのだ。

日常的な意思決定の場面を振り返ってみよう。インターネット上では少量のスラッジが頻繁に登場する。罵詈雑言を含んだメール、あるいは件名なしのメールを本当に送信してよいのか、本当にこの支払いをしてよいのか、最近注文した商品をキャンセルしてよいのか、支払方法や住所を変更してよいのか、ファイルを削除してよいのか、いちいち確認される。このようなハードルを設けるのは、とても良いことだ。私達は衝動的にふるまうこともあれば、不注意なこともある。結婚や離婚といった人生を変えるような決断をしようとしている人たちに対して、民間企業や公的機関がかなり面倒なスラッジを課すのも理にかなっている。[10] 結婚生活に終止符を打とうか悩んでいる人には「冷却期間」がプラスに作用するかもしれない。[11] 感情に突き動かされて拙速な判断を下そうとしている人に強制的に待機期間を課すことは、ペースダウンさせ、衝動的な行動を抑えるのに役立つだろう。

銃を購入する際にスラッジを設けることが理にかなっているのは、それが熟慮を促す手段になるという側面があるからだ。[12] 法律によって銃の購入前に待機期間というスラッジを課し、入手を数日間遅らせることによって銃による殺人事件を一七%ほど減らせることを示すエビデンスがある。[13] 待機期間を設けている一七州（コロンビア特別区を含む）では、そのルールによって年間七五〇件の殺人を抑えられている。このルールを全五〇州に拡大すれば、銃を購入できる人を制限しなくても、さらに年間九一〇件の殺人事件を減らせる見込みだ。銃による暴力を防ぐうえで、知恵を絞ってスラッジを活用することには大きな意義がある。人工妊娠中絶をめぐっては、スラッジが内省や熟慮を促すという声があるのはすでに述べたとおりだ。

プライバシー

民間企業や公的機関は大量の個人情報を求めることがある。多くの人は、組織が情報を集める場合には対象者の明確な同意に基づいているのだろうと考えている。国民に時間のかかる情報入力の手続きを踏ませるのか、それとも企業や政府が国民のプライバシーに踏み込んで情報を集めるべきかは、常に問題になる。少なくとも政府が前者を選ぶなら、それほど問題はないかもしれない。

言うまでもなく、かつての政府には選択肢がなかった。プライバシーを侵害しようとしても、その手段がなかったからできなかったのだ。だが公的機関は（そして民間組織も）徐々に自力で、あるいはほとんど手間をかけずにそうした情報を入手できるようになっている。その結果、スラッジを減らせるようになっている。わかりやすい例がすでに述べた農務省による給食対象者の直接認定制度だ。[14] 当局には貧困層は把握できているので、直接給付を認めることができる。

官民の組織が入手可能なデータに基づいて、誰がどのような給付やサービスを受けられるか確認し、通知できるケースはほかにもたくさんある。誰がどこに住んでいて、どんな資産を所有していて、どんな前科があり、どこに旅行した経験があり、どんな相手とどんなときに交流しているかを把握していれば、それは可能だ。申請書類にあらかじめ必要事項を記入しておくこともできる。政府機関が互いにデータを共有することも可能だろう。[15] フェイスブック、グーグル、ツイッター、インスタグラム、ユーチューブがアメリカ政府とデータを共有することも可能だ。それが実現すれば、スラッジは過去の遺物となるかもしれない。

だが、それは好ましいことだろうか。控えめにいっても、必ずしも好ましいとは言えない。イライラするような手続きの負担とプライバシー侵害のリスクのあいだには、往々にしてトレードオフの関係がある。たとえばクレジットカード会社はカードを発行する前に、顧客からどれだけの情報を集めるべきか、また集めることを許容されるべきかという問題を考えてみよう。カード会社が必要な情報を自分で見つけ、適格者にカードの入会案内を送る、あるいはカードそのものを送付してくれたらありがたいと思う人もいるだろう。そんなことはありがたくないと思う人もいるかもしれない。決め手となるのは、カード会社がどのような情報を入手するか、またそれが悪用される可能性があるかだ。

政府が個人情報を入手した場合のリスクは、おそらくそれ以上に高いだろう。最悪の場合、政府関係者が自らの敵に圧力をかけるためにそうした情報を利用する恐れもある。考えにくいが、やはり懸念すべき事態として、もともと入手した理由とはほとんど関係のない用途で情報を利用するリスクもある。アメリカ政府内には「個人の特定が可能な情報（ＰＩＩ）」というカテゴリーがあり、その入手と利用については法律で厳しい制約を課している。こうしたカテゴリーが存在すること自体、政府がPII情報を入手するリスクは許容できないものであり、国民が一定のスラッジを甘受する必要があることを示唆しているといえる。こうした観点から、改めてスラッジを排除する自動登録という選択肢を考えてみると、それが可能になるのは国民が必ずしも信頼していない政府組織に大量の情報収集を認め、受け入れた場合だけということになる。

近年、民間企業による情報収集が論争の的になっている。情報悪用のリスクが最も高いのは政府だと考える人は多いが、「監視資本主義」[16]の懸念が高まるなか、そうともいえないかもしれない。ソーシャルメディア企業をはじめとする大手ハイテク企業は、集めた個人情報に基づいて、自分たちの経済的利益につながるように私達を操ろうとするかもしれない。まるで糸につながった操り人形のように。そうだとしたら、こうした企業の情報収集や集めた情報を活用する能力を制限したほうがいいかもしれない。こうした懸念は、単なるスラッジの是非を超えた問題だ。スラッジを削減する最善策が民間企業に勝手に個人情報を集めさせることなら、むしろスラッジを受け入れるほうがましだと思えてくるかもしれない。

セキュリティ

プライバシーと密接にかかわるのがセキュリティの問題だ。組織は私達をいらだたせるためではなく、情報を適切に保護するためにスラッジを課すこともある。たとえばネット上でアカウントを作る場合には、銀行口座やクレジットカード情報など、機密性の高い個人情報の提供を求められることもある。住所や社会保障番号、あるいは母親の旧姓などを聞かれることもある。こうしたスラッジはセキュリティの侵害を防ぐために設計されている。設問に答えるのは楽しい作業ではないが、なんらかの違反行為を防ぐ手段として正当化できることも多い。スラッジを伴う二段階認証などはその例だ（私自身、二段階認証にはほとほとうんざりしている）。

もちろんセキュリティを守るはずのスラッジの費用対効果が明確に示されているのが理想的だ（この点については後で詳述する）。ただ費用対効果を明確にするのが難しい場合でも、特段面倒なものでないかぎり一定のスラッジの存在は最悪のシナリオを防ぐうえで望ましいことである、というのが合理的なとらえ方かもしれない。

ターゲティング

スラッジがターゲティング（対象を絞る）手段となることもあるのではないか。商品を最もふさわしい相手、最も必要とする相手に確実に届ける手段ではないか。さまざまな状況において、効果的かつ公平な最善の手段といえるのではないだろうか。

苦労や苦しみに関する研究からは、そんな可能性が示されている。免許や認可などの恩恵が適切な人の手に渡るようにする「分配装置」として、スラッジが機能する場合がある。[17] 負担が自己選択を促すことは直感的にわかる。たとえば、とある映画やコンサートが大変な人気だとしよう。その場合、チケットを入手するために、ばかばかしいほど長時間にわたって電話口や行列で待たされたりする。そうした方法が正当化されるのは、お金と同じように投資する時間によって、人々がどれほど強くそれを手に入れたいと思っているかが測れるからだ。こうした理屈に立てば、面倒な行政手続きや一見無意味なスラッジは、職業訓練などの公的プログラムへの応募者を選別するための合理的方法といえるかもしれない。そうした手間をものともせずに応募するのは、プログラムを切実に必要としている人々だと考えるのが妥当だろう。

希少な資源を入手しようとする人々を選別するため、適切な方法を模索することが重要であるのは誰も否定しない。市場では対価を支払う意欲が標準的なふるいとなる。対価を支払う意欲のある人だけが、モノを受け取れるようにするのが狙いだ。リンゴやオレンジに一定額を支払う意欲があるか否か（だけ）が、そのリンゴやオレンジをどれほど強く望んでいるかの指標となる。

この支払い意欲という指標には、明らかな利点がある。まず、きわめてシンプルだ。日常的に使われている。でたらめに資源を割り振るよりずっといい。だが大きな問題もある。支払い意欲は支払い能力に左右される。リンゴ、あるいは医療への支払い意欲が低いのは、貧しいためかもしれない。政府による給付制度の対象を決める場合、たいてい支払い意欲は参考にならない。パンデミックを乗り切るための給付を、国民の支払い意欲に応じて給付すべきだろうか。

支払い意欲は人々のニーズや願望を測る手段の一つでしかない。もう一つの手段が、時間や労力を費やす意欲だ。運転免許証を手に入れるため、あるいは教育資金の援助を受けるために、どれだけの時間を費やす意欲があるだろうか。支払い能力に左右される支払い意欲という指標は貧困層に不利に働くが、時間や労力を費やす意欲にはそうした問題はない[18]。あるとすれば、「時間的余裕のない人に不利に働く」という問題だ。お金の欠乏と時間の欠乏の間には相関性があるか否かは定かではない。いずれにせよ政府（あるいは民間部門）はターゲティングの手段として、すなわち給付などを本当に必要としている人の手に届けるため、時間や労力を費やす意欲を使おうとするかもしれない[19]。

スラッジをターゲティングの合理的手段ととらえるのは、あながち的外れではない。直感的には理にかなっている。問題は給付を正しい対象に届ける手段として、スラッジはきわめて雑な方法であるということだ。お粗末と言ってもいい。連邦政府の支援を受けるのに、複雑で理解するのさえ難しい申請用紙に記入させるのは、給付を必要としている人に確実に届ける方法として信頼性が高いとはいえない。政府が勤労所得控除を該当者に確実に受けさせようと思うなら、スラッジはふるい分けの手段として最適ではない。困難な手続きにはそれぞれ目的がある。しかしターゲティングのメカニズムとしては危険だ。

危険なだけではない。困難な手続きが貧困層の直面するさまざまな制約と組み合わさると、最も、支援を必要としている人ばかりをふるい落とすように作用する。[20]

よく考えれば意外な話ではない。最も支援を必要としている人が数々の欠乏に足をとられ、スラッジを切り抜けられない確率が高いのであれば、スラッジはターゲティングのメカニズムとして機能していない。たとえば公的機関が、メンタルヘルス・サービスを最も必要としている人に届けたいと考えているとしよう。そしてうつや不安に悩まされている人にとって、スラッジはことさら高い障害になるとしよう。そうだとすれば、スラッジは最もサービスを必要としている人を狙い撃ちするようにふるい落とす役割を果たす。乏しい資源が貧困層のなかでもとりわけ困っている人にわたるようにスラッジを設定すると、同じような問題が起こる。誰よりも貧しい人は、スラッジを切り抜ける可能性も誰よりも低いだろう。

このような問題は世の中にあふれている。ここから最も重要な点が浮かび上がる。スラッジが存在する場合、その分配効果に及ぼす影響を評価すべきである。社会で最も弱い立場にある人々にとりわけ大きな負の影響を与えるスラッジは、削減あるいは廃止すべきだ。

有益なデータを入手する

政府がその役割を果たすには、膨大な情報が必要だ。とりわけ重要なのが、公的制度がどのように機能しているかを把握することだ。公的機関はさまざまな目的に活用できるデータを集めるためにスラッジを課す。それが国民に多大な恩恵をもたらすこともある。

たとえば公的機関が、職業訓練や教育資金を受け取っている人が、実際にその恩恵を受けているかを把握しようと考えたとする。制度の利用者は、訓練あるいは資金をどう生かしているのか。こうした問いに答えるには、スラッジが必要不可欠なこともある。あるいは政府は感染症の蔓延を抑えよう、高速道路の整備を進めよう、有害廃棄物が適切に管理されているか監視しよう、パイロットが適切な資格を取得し、航空機が適切に整備されているか、あるいは食品安全管理制度がうまく機能しているかを把握しようと思うかもしれない。[21]情報提供を求められた側は、それをスラッジだと不満に思うかもしれない。しかし政府が重要な、ときには必要不可欠な知識を得る手段としてスラッジを課すのを正当化できることもある。

これと関連するのが記録管理や継続的監視だ。公的機関は現場で何が起きているかを把握するため情報を収集しなければならず、そのためにスラッジが必要なこともある。多くの国の政府は、新型コロナ・パンデミックに対応するために個人や組織、そしてさまざまな分野の研究者に莫大な資金を提供している。資金は何に使われたのか。正確には誰の手に渡ったのか。国民にスラッジを課さずにこうした疑問に答えるのは容易ではない。スラッジを課された側は負担に思うかもしれないが、公的制度をきちんと運営するためにはスラッジを課すのも仕方がない。

もちろん制度の健全性を守るためにスラッジが課されることもある。ただ私が強調したいのは別の観点だ。制度の健全性がすでに担保されていても、当局が短期的、長期的目的のために情報を必要とし、国民に提供を求めることもある。重要なのはそうした情報を公表し、官民双方が利用できるようにするという選択肢があることだ[22]。今日では情報取得が、官民のアカウンタビリティを高めることもある。資金の節約、イノベーションの促進、ときには命を救うことにもつながるかもしれない。

いずれもスラッジを設ける正当な、そして看過されることの多い根拠だ。だからといって何でもありではなく、役所が好きなように行政手続きの負担を重くしてよい理由にはならない。国民に課すすべての負担に関して、重要なのは政府が「本当に役に立つ情報を入手しているか」だ。電子データではなく紙の書類提出を求めたり、すでに持っている情報の再利用を拒否したり、あらかじめ書類に必要事項を登録しておくことを拒んだり、毎年ではなく四半期に一度報告を求めたりする場合には、それが正当な要求だと証明する負担を当局に負わせるべきだ。ここに挙げた項目は、いずれも正当性を証明するのが難しいものばかりだ。

政府にとって有益で重要な情報を集める手段としてスラッジが正当か否か、一般論で決めつけるのは不可能だ。個別に見れば、結論が明らかなケースもある。スラッジを正当化する根拠が一切ない場合、反対に存在する根拠が自明で説得力のある場合もある。慎重に細部を調べなければ、十分な正当性があるか判断がつかないものもあるだろう。ただ一つ、指摘しておきたいのは、スラッジにメリットが存在する場合もあるという事実だ。

第六章　スラッジ監査

本章ではスラッジを削減する方法を考えていく。政府のスラッジを中心に見ていくが、導き出される全体的な教訓は政府以外にも通用する。すでに見てきたように、病院はたくさんのスラッジを設けている。政府が義務づけているものが多いが、すべてではない。教育現場にも過剰なスラッジがあり、生徒、教師、保護者を苦しめている。非営利セクターがスラッジを撲滅すれば、これまでよりはるかに大きな恩恵をもたらすことができるだろう。雇用主が労働者に課している管理上の手続きを軽減すれば、労使関係は改善するかもしれない。まずはスラッジが消費者にダメージをもたらす武器として使われる具体例を見ていこう。

払戻金

消費者が製品に付いてくる書類を返送すると、払戻金が小切手のかたちで送られてくる仕組みを「メール・イン・リベート」と呼ぶ。ただ実際にお金を受け取るためには、惰性（あるいは怠け心）を克服しなければならない。[1]私自身、数年前に携帯電話を買い替えた際、メール・イン・リベートで痛い目に遭った。かなり高価な端末だったが、払戻金の条件が良かった。端末に同封されている書類に記入して返送すれば、二〇〇ドルが返ってくるという。ずいぶんと魅力的な話だ。だが私は書類を紛失してしまい、二時間探し回ったが見つけられなかった。

消費者がこんな苦労をしていることを、企業はよくわかっている。さまざまな市場を調べてみると、消費者が実際に払戻金を受け取る割合はひどく低い。たいていは一〇〜四〇％で、顧客の大多数が忘れてしまうか、わざわざ手間をかけないことを示している。[2]惰性が強力であることを考えれば、意外ではない。それ以上に衝撃的なのは、消費者は自分がきちんと払戻手続きをとる可能性を「とんでもなく楽観的に」見積もっているという調査結果だ。惰性ととんでもない楽観性は最悪のコンビネーションで、企業にとってはそこにマーケティングのチャンスがある。携帯電話などの商品を高い価格で売り、書類を返送しさえすればまとまったお金が戻ってくると伝える。とんでもなく楽観的で怠け心のある消費者が相手なら、賢いやり口だ。たいてい企業はマーケティング費用を実際に支出せずに済む。

この問題は『誰もが払戻金を信じている』という、そのままのタイトルの調査報告書で指摘されている。[3] 消費者は自分が商品を購入してから三〇日という期限内に書類を返送し、払戻金を受け取る確率を八〇%と見積もっていた。だが実際には払戻金を受け取った人の割合は三一%だった。「誰もが」は言い過ぎかもしれないが、ほとんどの人が払戻金はもらえるものと信じているのは確かだ。

同じ調査で、研究者たちは予想と現実の払戻率の大きな乖離を抑えるため、三つの方法を試している（実験はそれぞれ異なる被験者グループで実施した）。一つめの方法は調査の参加者に、かつて同じようなグループでは払戻率が三分の一以下にとどまったという事実を明確に伝える、というものだ。二つめは商品の購入直後と返戻金申請の締め切りの直前の二回にわたり、明確なリマインダーを送るという方法。三つめはスラッジを減らし、手続きをはるかにシンプルにした。用紙をプリントアウトして署名するという作業を不要にしたのだ。

その結果、どのグループでも参加者の楽観的見通しは揺るがなかった。すべての条件下で参加者は自分が払戻金の申請書を郵送する確率は約八〇%と予想していた。しかもやや驚くことに、最初の二つの方法は人々の行動にまったく影響を与えなかった。他のグループの行動を聞かされた参加者は「ふーん、でもそれはほかの人たちの話ではないか。私となんの関係がある?」と思ったようだ。状況によってはリマインダーが消費者に注意喚起をして、惰性を克服するのに効果を発揮する場合もあるが、このケースでは無意味だった。

唯一効果があったのは、手続きをシンプルにする、すなわちスラッジ削減という介入方法だ。

これは人々の実際の行動に大きな影響を与えた。書類を送りやすくしてスラッジを抑えたことで、人々の行動意欲は高まった。払戻率は五四％に上昇した。これは予想と実際の行動の乖離がほぼ半分に抑えられたということだ。要するに、スラッジ削減によってこれだけの違いが生じたのだ。人々の行動は劇的に変化した。

数字で考える

本書の前半に登場した一一四億時間という数字に再び目を向けよう。アメリカ国民が連邦政府に提出する書類の作成に費やす時間だ。どうすればこれを減らせるだろうか。

分断の時代と言われるが、さまざまな政治問題について意見が分かれる人々も、スラッジ削減には一様に魅力を感じるはずだ。気候変動、富裕層への課税、移民といった政治的分断につながる重要な課題は、スラッジを減らすべきか否かという問題とはほぼ無関係だ。アメリカでは民主党政権も共和党政権もスラッジ削減に努めてきた。もちろんここまで見てきたように（妊娠中絶や投票権など）スラッジの是非について意見が分かれる問題もある。しかし政治的分断に踏み込むことなく、スラッジを削減する方法はたくさんある。同じことが多くの国についても言える。たとえばヨーロッパには過剰なスラッジが存在し、その多くは当局が「国民に過剰な手続きを要求していないか」と自問することなく堆積させてきたものだ。

監査

私はホワイトハウスで働いていたとき、連邦政府機関に自らが課している書類作成負担を検証するよう指示を出した。いわば個別のスラッジ監査を義務づけたわけだ。これはオバマ大統領の明確な指示に基づいており、指示書にはこう書かれていた。

連邦機関は実行可能かつ適切な範囲で、連邦政府の求める書類、とりわけ複雑で冗長な書類による情報収集については、実施前にその妥当性を検証しなければならない。目的は（一）書類作成が必要以上に複雑かつ難解で労力を要するものではないと確認すること、（二）国民（小規模事業者を含む）にかかる負担について可能な限り質の高い情報を入手すること、（三）負担を減らし、簡略化を進め、わかりやすさを高める方法を見つけることである。[4]

これよりはるかに高い理想を掲げることも可能だろう。官民の双方でスラッジ削減を促す良い方法は、定期的に「包括的」スラッジ監査を実施することだ。その名のとおり、世の中にどれほどスラッジが存在しているかを把握する試みだ。政府機関はスラッジ監査を実施すべきであり、あらゆる民間企業や教育機関もそれにならうべきだ。

わかりやすい例を挙げると、教育省はまず国内の教育機関に毎年課している書類作成負担を把握するところから始めるといいだろう。自ら負担を試算し、それが正しいか検証したうえで、試算を修正する必要があるか教育機関と対話したらどうか。どの分野で負担が最も大きく、どの分野で最も低いのか、詳細な分析を省内だけではなく一般に公開してみるといい。さまざまな省令からどのような負担が生じているか、それが教育機関やその構成員（教育機関の管理者や学生）にどれほどの重荷となっているかを具体的に示すのだ。

完全な監査には相当な手間がかかる（担当者にはそれ自体がスラッジのように感じられるだろう）。ただ相対的に見れば「過剰な」作業にはならないだろう。しかもそこから得られる効果は大きいはずだ。たとえばスラッジは研究活動の生産性を大幅に低くしているという強力なエビデンスがある[5]。全米科学アカデミーの調査では、利益相反に関する確認書類から各種情報提供義務まで、一貫性のない、また重複の多い書類作成があり、それが連邦政府による研究活動投資のリターンを大幅に低くしている[6]。

最も話が早いのは、スラッジ監査によって既存のスラッジレベルが高すぎ、誰にも恩恵をもたらしていないことが明らかになる、というものだ。教育省の上層部は現在自分たちが課している書類作成の多さに衝撃を受けるかもしれない（きっと衝撃を受けると私は見ている）。現在義務づけられている負担の一部は間違いなく過剰で、それを目にするだけで変化への動機づけが生まれるだろう。

あるいは民間部門の例を考えてみよう。たとえば冷蔵庫や自動車を購入する際に必要な手続きを消費者が厄介だと感じているならば、企業はそれを簡素化すればいい。それによって顧客は増え、企業の評判も高まって多くの恩恵があるはずだ。企業に苦情を申し入れても反応がないとき、消費者の満足度は大幅に低下するというのは誰もが知っていることだ。アップルなど多くの企業はユーザーの待ち時間を減らし、故障した製品をより簡単に修理できるようにするための創意工夫を重ねてきた。消費者が重視する部分に関してはスラッジフリー化を進める企業間競争が生まれる。同じ動きが従業員、投資家、学生に対しても起こるかもしれない。

反対に、企業はスラッジが自分たちの得になることを知っているか、スラッジ監査によってそれを知ってしまった場合、監査はスラッジ削減につながらない。サブスクリプション契約を簡単に結べるようにする一方、停止する際にはスラッジをたっぷり用意するのは企業にとっては得策だ。入念に検証した結果、そのような戦略が最適だという結果が出るかもしれない。苦情申し立てプロセスに多少のスラッジを埋め込んでおくと、いわれなき苦情をふるい落とせるだけでなく、まっとうな苦情に対応するコストも抑えられるかもしれない。状況によっては、スラッジは企業の競争力を高めることもある。そうなると次のような疑問が湧く。「これは行動学的な市場の失敗として、当局が介入すべきものだろうか」と。答えはたいてい「イエス」だ。

アメリカ政府が毎年「情報収集予算（ＩＣＢ）」をとりまとめていることはすでに見てきた。連邦政府全体を対象とし、情報・規制問題室（ＯＩＲＡ）が作成するこの報告書は、政府機関ごとに書類作成負担を調査し、政府全体で合算する。各国の政府が書類作成負担を網羅する同じような報告書を作成するのは難しいことではないだろう。ここまで見てきたように書類作成負担の一部は間違いなく正当化できるものだ。またスラッジのなかでも特に悪質なのは、書類作成とは関係ないかもしれない（行列の待ち時間など）。しかし政府が情報収集予算をまとめるのは、スラッジ削減の取り組みを促す可能性が高いので、重要な一歩と見ることができる。

民間組織も同じような文書を作成すべきだ。使用を組織内に限定してもよいし、組織外に対して透明性を高めるために公表することも検討すべきだ。銀行、保険会社、病院、出版社はスラッジを減らすことによってコストを抑え、顧客など数えきれないほどの関係者のエクスペリエンスの改善につなげられるかもしれない。とりわけ病院ではこうした試みが重要だ。スラッジは膨大な不満を生むだけでなく、健康を阻害し、ときには命さえ奪うことがあるからだ。

情報・規制問題室

情報・規制問題室（ＯＩＲＡ）は書類作成負担削減法に基づいて設立され、その負担削減の実施状況を監督する役割を担っていることはすでに述べた。私も身をもって経験したが、ＯＩＲＡには大きな裁量権がある。任務の一つが連邦政府機関による情報収集依頼のすべてについて、その是非を判断することだ（「依頼」というのは言葉のあやで、実際には政府は国民に情報の提供を「命令」している）。たとえば保健福祉省が病院から情報を集めたいと考えたとき、あるいは運輸省が自動車会社から情報を得ようと考えたとき、最終的にその可否を決めるのはＯＩＲＡだ。法の下でＯＩＲＡには積極的に「ノー」と言う権限が付与されている。「これ以上スラッジは許さない」という大前提を打ち立てることもできる。

もちろんＯＩＲＡは連邦政府機関の一つに過ぎないし、他の機関と闘うのは愉快ではない。ＯＩＲＡ職員が軋轢を避け、環境保護庁、財務省、食品医薬品局などの担当者にゴーサインを出したいという誘惑にかられることもないわけではない。ここで重要なのが、リーダーがどのような指針を示すかだ。ＯＩＲＡの上層部は過剰な書類作成という問題に本気で取り組むつもりなのか。それを優先課題と考えているのか。いずれにせよ、スラッジを積極的に減らすのか、何もしないのか、選択権は常にＯＩＲＡにある。

書類作成負担を撲滅するための戦いを始めることもできれば、完全に気づかぬふりをすることもできる。国民に新たな書類作成負担を課すことを認めてほしいという政府機関に対して甘い顔をするのか、それともしないのか。ＯＩＲＡのリーダー層は組織に対して「甘い顔をせよ」という強いシグナルを送ることもできれば、逆のシグナルを送ることもできる。ＯＩＲＡは各機関からの依頼を個別に審査するので、毎年追加される書類作成負担を抑えるために、臨機応変に対応することができる。[7]

もっと野心的な目標を掲げ、スラッジ削減に組織的に取り組むこともできるはずだ。ＯＩＲＡはほぼ半年ごとに「データコール」と称して、連邦政府機関に書類作成に関して取り組むべき内容を発表する。この機会を活用して、各機関に大胆なスラッジ削減を指示することもできる。[8] 拘束力のある指針を発行し、負担削減のための大胆な目標を示すこともできる。[9] ホワイトハウスの各部署と、あるいは大統領自身と協力して、大統領覚書や大統領令を作成することもできる。アメリカ大統領が書類作成負担の削減を命令する、あるいは連邦政府にスラッジの削減を指示すれば、真の変化が起こるはずだ（ここで質問。「アメリカ史上、そのような指示が出されたことはあっただろうか？」。答えは「一度もない」だ）。

ここ数十年のＯＩＲＡの働きはおよそ十分なものではなかったが、ここに挙げたような取り組みもいくつか見られた。たとえば二〇一二年に私が室長だったときには、政府機関に書類作成負担を減らすための具体的措置をとるよう指示した。[10] 国民に多くの書類作成負担を課している政府機関（財務省、保健福祉省、証券取引委員会、運輸省、環境保護庁、国土安全保障省、労働省、農務省など）を対象に「大幅な数量的削減」を要求したのだ。対象機関には年間の書類作成負担を二〇〇万時間以上削減するような取り組みを最低一つ、実施するよう指示した。そしてすべての政府機関に、年間の負担を少なくとも五万時間減らす努力をするよう指示した[11]。

ＯＩＲＡは政府機関に対し、書類を簡潔にする、電子データによる提出を認める、すでに判明している情報を事前に書類に入力しておく、情報収集の頻度を減らす、政府がすでに保有している情報を再利用するといった方法により、スラッジを削減するよう繰り返し促してきた[12]。いずれも目新しい方策ではなく、あとはどれほどの熱意をもって実施するかだ。アメリカをはじめ各国はオーストラリアの「スマートフォームズ」という取り組みを参考にすべきだ。自動入力を活用し、正確性を向上し、スラッジの大幅な削減を実現している[13]。

これまでよりはるかに強力で斬新なアプローチを検討してもいい。年間一一四億時間という数字の重みを心に留めれば、ＯＩＲＡが新たな書類作成負担の発生というフローの部分と、既存の負担というストックの両面に目配りしながら、スラッジ削減に向けてかつてないほど大胆な取り組みを進めることに国民の合意が得られそうだ。具体的なイメージを挙げよう。大統領令（最も強力な手段）あるいはＯＩＲＡの指令として、今後六カ月以内に以下の目標を達成すると発表するのだ。

・既存の負担を削減する方法を少なくとも三つ、策定する。
・（一定の基準に基づいて）国民に多くの負担を課しているとみなされた省庁は、少なくとも一〇万時間分の負担を削減する。そして最も多くの負担を課している省庁は少なくとも五〇〇万時間、既存の書類作成負担を削減する。[14]

・高齢者、傷病者、障害者、貧困層など、とりわけ弱い立場にある国民への負担軽減に重点的に取り組む。

・教育、医療、運輸など現政権が特に重視する領域において、政策的優先事項の達成を妨げるような負担を重点的に削減する。

具体的に何に取り組むか、選択肢はさまざまだ。ＯＩＲＡと対象となる政府機関が対話を重ねることで、新たなアイデアが生まれるはずだ。政策的優先課題は政権によって変わる。医療費負担適正化法（ＡＣＡ）の下での情報収集にかかわる国民の負担を減らしたいと考える政権もあれば、小規模事業者やスタートアップ企業に課されているスラッジの削減を重視する政権もあるだろう。運輸業界あるいは教育機関への負担削減を重視する政権もあれば、ここに挙げたすべてを優先課題と考える政権もあるだろう。教育分野においては、あらゆる教育機関（および生徒）がさまざまな負担を課せられており、スラッジ削減に向けた相当な努力が必要だ。

もう一つ重要なのは、行政手続き負担の多くは州政府や自治体政府が課しているという事実だ。こうした組織に対してＯＩＲＡは何の直接的権限も有していないが、連邦、州、自治体レベルでの協調が必要な分野においては、スラッジ削減に向けてとりまとめ役を果たすべきだ。[15]

司法

ここまでの議論を読んで、次のような疑問が浮かんでくるのではないか。連邦政府が書類作成負担軽減法（ＰＲＡ）に反して国民に書類作成負担を課しているなら、それに対して法的救済策はないのか。裁判所の出番ではないのか。スラッジは違法ではないのか。

たとえば保健福祉省が病院に、大量のわかりにくく厄介な書類の記入を義務づけたとしよう。しかも負担が最小限にとどめられているとはいえず、有効性も低いなど、明らかに無意味でＰＲＡの趣旨に反している。その場合、病院がＰＲＡを盾に、司法に対して保健福祉省の新たな要求の無効化を求めることはできるだろうか。答えは「ノー」である。

原則としてＯＩＲＡが政府機関の情報収集要求を承認したら、国民はそれに従わなければならない。[16] ＰＲＡが求めているのは、政府機関による情報収集にＯＩＲＡの承認を受けたことを示す管理番号を付けることだけだ。なんとも残念な話だ。できるだけ速やかにＰＲＡを改正し、国民がＯＩＲＡの決定に異議を唱えられるようにすべきだ。アメリカの行政手続法（規制のあり方に関する法律）は一般的に、公務員による恣意的あるいは裁量的判断について、国民が司法の判断を仰ぐことを認めている。[17] スラッジは国民にとってコストが重く、生活に大きな影響を及ぼすことから、行政手続法の基準をスラッジにも適用すべきだ。もっとわかりやすく言おう。行政が書類作成負担あるいは他のタイプのスラッジを課したら、そしてそのような要求を正当化する合理的根拠（第五章を参照）がないのであれば、司法によって無効化できるようにしなければならない。

議会

司法に頼らずＰＲＡを修正すべきだろうか。ＯＩＲＡ自体はこれまで議会、すなわち立法府による法改正に懐疑的だった。一つ二つ修正すべき点はあるかもしれないが、議会での審議の対象となると的外れで非生産的な修正案が出てくる可能性があるからだ。とはいえ真剣に検討すべき改革案はいくつかある。とりわけ現状を大きく改善しそうな案を四つ挙げよう。

一　議会自体が課しているスラッジもたくさんある。行政府にはそれをＰＲＡに基づいて廃止する権限がない。これは重大な問題で、ＯＩＲＡなどが主導する書類作成負担を減らそうとする取り組みの妨げとなってきた。議会内のしかるべき委員会が、こうした規定や他のスラッジの見直しに取り組み、スラッジを大幅に減らしていくべきだ。

二　議会は連邦政府機関に対し、定期的に既存の書類作成負担を見直すことを要求し、全体的および個別のスラッジ監査を義務化すべきだ。目的は現在堆積しているスラッジが正当なものか確認し、時代遅れで無意味な、あるいはコストの高すぎる行政手続きを廃止することだ。一般的に規制には定期的に見直す仕組みがあり、スラッジ監査もそれを参考にすべきだ[18]。

スラッジの場合、定期的見直しは二年に一度実施し、議会への報告書は一般にも公表するといい。報告書はすでに発行されている「情報収集予算」と統合してもいいだろう。理想的にはスラッジ監査の義務づけに伴ってOIRAが指針をまとめ、優れた改善策を集めるためのテンプレートなども含めるとよいだろう。

三　議会は政府機関に、それぞれの目的を達成するのに最も負担の少ない方法を選択するよう明確に要求すべきだ。つまり費用対効果を高めることを要求するのだ。その重要性はどれほど強調しても足りない。たとえば年次報告によって四半期報告と同じ効果が得られるならば、年次報告を選ぶべきだ。電子データによる報告でも書面による報告と同等の効果があるならば、電子的報告を認めるべきだ。ここまで見てきたように、現在の法律も費用対効果の追求を求めていると解釈することはできるが、議会がこれを明確に示せば、行政機関の意識を高めるうえで大きな効果がある。

四　スラッジの効果はその費用に値するものでなければならない、と議会が明確に要求すべきだ。書類作成に関しては、費用対効果のバランスをとることは現行のPRAの下で義務づけられていると解釈することもできるが、法律がそれを明確に述べているとは言い難い。私自身の経験に照らすと、ＯＩＲＡには政府機関に書類作成の効果が費用を上回ることを証明する義務があるという全体認識が欠けているように見えた。この点についても、議会がシグナルを明確に発信すべきだ。

規制全般について言えることだが、スラッジについても「費用対効果分析」と「費用対便益分析」の違いを認識することが重要だ。前者は特定の目的を達するうえで、相対的に最もコストが低くなる選択肢を導き出す。このため費用対効果分析は重要ではあるが穏当で、論争を招くようなものではないはずだ。特定の目的を達するために、余計にコストがかかる方法を選ぼうとする者などいないだろう。[19]あるスラッジの費用対効果は高くても、費用対便益分析の結果がわるければ、最終的に認めるべきではない。一般論として、費用対効果が高いと判断された国民への負担についても、それに本当に意味があるか確認するために費用対便益の観点からも評価することが重要だ。

書類作成負担の費用対便益分析は必ずしも単純ではないことは事実であり、強調しておくべきだろう。一般的に政府機関が費用対便益を分析する目的は、社会的便益と社会的費用を経済的観点から比較することだ。経済的観点から見たとき、書類作成負担は「社会的」便益を生むこともあれば、生まないこともある。内国歳入庁（ＩＲＳ）が納税者に書類作成の負担を課すのは、単に法律の規定に従わせるためかもしれない。経済的費用（納税者が書類作成にかけた時間の金銭的価値を算出するなど）と経済的便益（財務省に入る税収）を比較することはできる。ただこれは標準的な費用対便益分析ではない。あるいは給付を申請する人々が本当にそれを受ける資格があるかを判断するために、スラッジが課せられる場合もある。資格のない人が教育援助を受けないようにするといったケースだ。ただ、これも標準的な費用対便益分析ではない。

このようなケースで合理的な方法は、社会的費用と社会的便益を経済的観点から比較するのではなく、「つり合い」を評価することだ。大きな費用が発生する場合、それに見合うだけの正当な目的があるのだろうか。費用の大きさはどの程度か。負担はどれくらい重いのか。効果の大きさはどれくらいか。具体的数字があれば優れた判断が可能になり、過剰な負担を防ぐことにつながる。またここまで述べてきた理由から、費用と便益の分析には分配効果の分析も含めるべきだ。その負担によって助かっているのは誰で、困っているのは誰か。スラッジの影響は（たとえば）貧困層、高齢者、病気の人々に偏っていないか。

費用対便益分析はたとえ粗削りなものであっても、政府機関に「情報提供を義務づける」措置であるという事実を強調しておきたい。これは政府機関に、国民にかける時間的負担を正確に把握し、その金銭的価値を算出しようとする強いインセンティブを与える。同時に情報収集によって見込まれる便益について、より具体的かつ定量的に把握しようとするインセンティブにもなる。

政府による情報収集がどのような便益をもたらすのか、私達はもっと知る必要がある。そのためには政府機関に費用対便益分析を求めることが大きな一歩となる。それはスラッジの便益が費用を正当化するものであるか検証するための、より良い方法あるいはまったく新しい方法の発見につながるかもしれない。

第七章　一番大切な資源

消費者保護、経済成長、労働者の権利、環境保護、ジェンダー平等、投票する権利、貧困削減、メンタルヘルス、移民の権利、ビザ改革、人種平等、小規模事業者やスタートアップ支援。こうした問題に取り組む人々は「いまこそスラッジを削減せよ！」と大書きされたプラカードを手にデモ行進することはない。だが目標を達成したいなら、そうした行動に出るべきかもしれない。

スラッジは人間の尊厳を傷つける。多くの人に「自分の時間は大切ではないのだ」と感じさせる。極端なケースでは、自分の命など大切ではないのだとさえ思わせる。スラッジ削減を世界人権宣言の思想を後押しするような試みととらえるのは、いささか大げさかもしれないが、それほど間違ってはいない。

スラッジは懲罰のような働きをする。あらゆることの足を引っ張る。合理的に行動する人にとっても、行動バイアス（惰性や現在バイアスなど）を受けやすい人にとっても、スラッジは憲法上の権利を享受したり、重要な社会給付にアクセスする妨げとなる。スラッジは税金のようなものだ。政府が国民に年間一一四億時間の書類作成を課しているのは、およそ三〇八〇億ドルの費用負担を課しているのに等しい。ただこのような金銭的価値は、スラッジが現実に引き起こす経済的および心理的影響を大幅に過小評価している。スラッジは私達の最も基本的な権利を損なう。ときに命さえ奪うのだ。

世界中の国家は雇用、教育、投票、免許、許認可、医療にかかわるスラッジを減らすため、網羅的かつ積極的な取り組みを進めるべきだ。そのためには国家のあらゆるレベルで制度設計における スラッジを削減する必要がある。たとえば現在国民に求めている手続きの大幅な簡素化、そして（さらに好ましいこととして）デフォルト選択肢の採用によって、学習コストや法令順守コストを削減するといったことだ。自動登録制はスラッジをほぼゼロに引き下げるので、きわめて効果は大きい。自動登録の採用が不可能あるいは好ましくない状況では、さまざまなツールを組み合わせる手もある。手続きの簡素化や平易な言葉遣い、頻繁なリマインダーの送信、インターネット、電話、あるいは対面のサポート、そして心理的負担を軽減するための温かいメッセージなどだ。

公的機関も民間組織も「スラッジ監査」を必要としている。エビデンスに基づいてスラッジの便益と費用を比較し、その分配効果を慎重に評価することなどが目的だ。スラッジは本当に不正削減に役立っているのか。効果はどの程度あるのか。許認可制度の下で申請を却下された人はどれぐらいいるのか。給付制度で対象者と認定される人は申請者の何％か。社会で最も弱い立場にいる人々を含めて、給付を認められる割合にどれくらいばらつきがあるのか。高齢者、身体障害者、女性、有色人種などが不利になっていないか。時間や手間という点で、法令順守のコストはどれだけかかっているのか。

もちろん、こうした問いの答えは必ずしも自明ではない。スラッジに中絶の権利の行使を妨げる効果がある場合、それが国民にとって便益なのか費用なのか、意見は分かれるだろう。スラッジが失業者の支援制度の利用を抑える場合、それに憤りを覚える人もいれば、何も問題はない、あるいは好ましいと考える人もいるだろう。スラッジは制度が正しい対象者に利用されるように、あるいは労働のインセンティブを高めるように設計されているかもしれない。スラッジが生んでいるのは損失か利益かを見極めようとすると、ときには価値観をめぐる激しい対立が起こることもある。だがそのような意見対立の多くは退屈で的を射ないもので、問題を精査すればたいていスラッジは割に合わないものだということがはっきりするだろう。

新型コロナウイルスのパンデミックを受けて二〇二〇年に突如として始まったスラッジ撲滅戦争を思い出してほしい。ほとんどの人がこの戦争に賛成した。それによって多くの命が救われた。スラッジをなくすために大がかりな戦争は必要ないかもしれないが、やまほどの局地戦を勝ち抜いていかなければならないだろう。今後はスラッジの排除を優先課題と位置づけるべきだ。理由は明白だ。スラッジは恩恵よりもはるかに多くの害を引き起こすからだ。

時間は人間にとって一番大切な資源だ。より多くの人が、より多くの時間を持てるようにする方法を見つけよう。

謝辞

本書の冒頭で述べたとおり、私はオバマ政権下でホワイトハウスの情報・規制問題室（ＯＩＲＡ）の室長を務めるなかで、スラッジというテーマに関心を持つようになった。書類作成の負担について、情報収集について、またこの問題への対応策について、多くを教えてくださった当時の同僚、とりわけＯＩＲＡの優秀な職員のみなさんに感謝する。

私は長年、すばらしい友人であり共著者のリチャード・セイラーとともに仕事をしてきた。スラッジ問題の研究においても、リチャードの存在は大きかった。人生に確かなことはあまりないが、彼なしに本書が存在しなかったことは確かだ。スラッジという言葉を最初に使ったケイト・ランバートンにはその独創性と、貴重な議論をしてくれたことに心からお礼を言いたい。ルシア・ライシュとディリップ・スローマンとの対話にも大いに助けられた。

本書と内容の重なる三冊の書籍にも大きな影響を受けた。センディル・ムッライナタン、エルダー・シャフィールによる『いつも「時間がない」あなたに　欠乏の行動経済学』（二〇一七年）は、認知的欠乏あるいは処理能力の制約という問題を指摘し、それを書類作成をはじめとするさまざまな負担の考察に応用した。パメラ・ハードとドナルド・モイニハンによる *Administrative Burden*（二〇一九年）は、そうした負担がとりわけ政府の活動にどのような影響を及ぼすかを考察したすばらしく価値のある一冊だ。エリザベス・イーメンスによる *Life Admin*（二〇一九年）は、現代人の生活にはびこる退屈な作業とそれらが引き起こす非効率や不公平を幅広く生き生きと描写した示唆に富む作品だ。彼ら以上に深い洞察を示せたとは思わないが、このささやかな本が先人たちの業績に支えられていることは間違いない。

四人の匿名の査読者が草稿に目を通し、貴重な意見を寄せてくれた。エミリー・テイバーは昔も今も最高の編集者であり、その鋭い視点は本書の改善にとても有益だった。ハーバード・ロースクール、とりわけ行動経済学および公共政策プログラムの手厚いサポートにお礼を申し上げる。リア・カッタネオ、ディニス・チェイアン、クリストファー・クルーズ、エリ・ナッハメニー、ルーカス・ロスはリサーチのアシスタントとして大いに活躍してくれた。私のエージェントであるサラ・チャルファントは本書のプロジェクトを進めるにあたって貴重な助言を与えてくれた。キャスリーン・カルーソは本書の執筆過程におけるスラッジを最小限に抑え、完成まで導いてくれた。メリンダ・ランキンの校閲者としてのすばらしい働きに感謝する。

本書は私の執筆した二本の小論 "Sludge and Ordeals, 68 Duke L.J. 1843"（二〇一九年）

"Sludge Audits, Behav. Pub. Pol'y." (二〇二〇年) に依拠している。本書の刊行を認めてくれたそれぞれの掲載誌に感謝を申し上げる。

解説　ナッジ／スラッジは見え方次第

法哲学者
吉良貴之

本書『スラッジ　不合理をもたらすぬかるみ』は、「ナッジ」という言葉を世界的な流行語に仕立て上げた一人であるキャス・R・サンスティーンが、ナッジの反対語である「スラッジ（ぬかるみ）」が行政活動や日常生活のいたるところにある様子を分析したものである。近年流行の言葉でいえば、いわゆる「ブルシット・ジョブ」を思い起こさせるものも多い。

サンスティーンはオバマ政権で情報・規制問題室（ＯＩＲＡ）室長をつとめ、行動科学の知見（行動インサイト）にもとづく政策の実施に向けて奮闘した。本書では当時の体験談も描き出されている。というか、ナッジ政策がいかに前途多難だったかを愚痴混じりに書いたような箇所も多々ある。しかし単に愚痴で済ませることなく、悪いナッジ＝スラッジとして概念的に昇華させているあたり、理論家としての面目躍如である。

ナッジとは何か

ナッジは英語で「ひじでそっとつつく」といった意味の言葉で、簡単・安価で、強制することなく人々の行動を変容させようとする手段一般をいう。たとえばスーパーやコンビニのレジの前でソーシャル・ディスタンスを取るように一定間隔でテープが貼られているものがわかりやすい。今般の新型コロナウイルスの世界的流行によって、直接言わなくても済む便利なコミュニケーションが官民問わず爆発的に増えることになった。もちろん、それ以前からも公共政策の分野では注目され、世界各国の政府や公共団体が「ナッジ・ユニット」を組んで多様なアイデアを実行に移している。

「ナッジ」が世界的な流行語になったのは経済学者リチャード・セイラーとサンスティーンの共著『実践 行動経済学』（原題 *Nudge*、原著二〇〇八年）が世界的ベストセラーになって以来である。そこでのナッジの定義を確認しておこう。

ナッジとは：どんな選択肢も閉ざすことなく、その行動を予測可能な方向に改める選択アーキテクチャの全様相。

この定義は二〇二一年の『完全版』でも変わっていない。「どんな選択肢も閉ざすことなく」というのは、ナッジには従わない自由があるということだ。「その行動を予測可能な方向に改める」とは、ナッジには設計者がおり、人々の行動をよりよい幸福に向けて変えていこうという意図を示している。「選択アーキテクチャ」とは、人々が意思決定をするときの物理的な環境のことである。誰もが何らかの環境のなかで意思決定している以上、ではその環境のほうを変えてしまおうというのがナッジの発想である。このように「従わない自由」を保障しつつ、同時に、人々をよりよい幸福へと導こうというサンスティーンの思想を「リバタリアン・パターナリズム」といい、ナッジはその具体的な手段である。サンスティーンはそうして、個々人の自由と社会全体の幸福（社会厚生）を両立させようとする。

ナッジ／スラッジは見え方次第

ナッジの定義の最後にある「様相（aspects）」という言葉が実は重要である。これは、同じナッジであっても人によって見え方が異なることを含意している。ナッジには多様なものがあるが、ざっくりいうと、①「行動バイアス利用ナッジ」と②「熟慮促進ナッジ」に分けることができる。①は心理学者のダニエル・カーネマン『ファスト&スロー』でいう「速い思考」に対応し、無意識のバイアスを利用して人の行動を変えようとするものだ（一般的な「ナッジ」のイメージはこちらが多いだろう）。それに対し、②は「遅い思考」に対応し、情報提供などをすることによって、逆にじっくり考えさせるものである。先に例に出した、レジの前のテープを考えてみると、ソーシャル・ディスタンスを取らせようという目的を知っているならばそれはその人にとって熟慮促進ナッジであるし、知らなければ行動バイアス利用ナッジになる。

本書がテーマにしているスラッジは、実はナッジが人によって別の見え方をした結果である。第四章「スラッジの実例」に具体的にさまざまなものがあげられているが、タイムリーな例として人工妊娠中絶を見てみよう。中絶を希望する女性に対し、胎児の超音波映像を見せるように医師に義務付ける「超音波インフォームドコンセント法」がアメリカの保守的な州で制定されている。これは女性の意思決定に意図的に迷いを生じさせるという意味ではスラッジだが、じっくり熟慮する機会を与えるという意味ではナッジともいえる。どちらにあたるのかは、本人の熟慮はもちろんのこと、その社会全体での価値観にも依存する問題といえる（付言すると、人工妊娠中絶規制はこのような間接的な形での実質的な誘導でなされるのが主になるのではないかと論じられていたが、二〇二二年六月、アメリカ連邦最高裁は女性の妊娠中絶の権利を認めたロー対ウェイド判決を覆したため、州法によって直接的な規制が可能になってしまった）。

ナッジ／スラッジにはこのような両義性があるため、本書でも「スラッジ」が一方的に悪者にされているわけではない。実際、第五章「スラッジが必要な理由」ではいくつかのメリットも述べられている。大事なのは、ナッジ／スラッジという単なる区分けではなく、それによって何を実現したいのか、そのために効率性が犠牲になったりしているのか（それとも熟慮する機会になっているのか）といったことなのである。

本書で提案されている「スラッジ監査」は魅力的なアイデアであり、行政活動のチェックだけでなく、ふだんのビジネスの現場や、日常生活のちょっとした無駄をはぶくために意識してみるとよさそうだ。ただ、本書の重要なメッセージは、スラッジが本当に悪い無駄なのか、まず立ち止まって考えてみようということである。そのなかで、私たちが前提にしている価値観もわかってくる。本当に無駄であれば改善していけばよいし、無駄そうに見えることのなかに意外な便利さが見つかることもあるかもしれない。

人と著書

サンスティーンはもともと公法学者から出発し、多くの分野について膨大な量の著書・論文がある。著書は毎年何冊も出ているし、論文になるとほとんど毎週のように出ている。ハーバード大学の公式ページを確認したところ、この三年間（二〇二〇〜二二年）で著書・編著が一二冊、論文は五七本もあった。共著で書かれているものも多く、また分野が多岐にわたっていることもあって、数学の「ラカトシュ数」をもじって「サンスティーン数」というジョークも生み出されているほどだ（サンスティーンと直接の共著があれば一、その共著者と共著があれば二、といった具合にサンスティーンとの隔たりを数で表すもの）。

通常、これだけ多くの著作があると粗製濫造になったり、同じことの繰り返しになったりしがちなものだが、驚くべきことに、サンスティーンはつねに新しい文献を摂取して自説をアップデートしている。本書『スラッジ』も単に自分の体験談を述べるようなものにはなっておらず、行動科学を中心として最新の文献がいくつも参照されている。多忙のなかで、いつそれだけ読む時間があるものか不思議になるほどである。

そういった次第でサンスティーンの著作のすべてを紹介することは不可能なのだが、本書に関連のある著書には次のようなものがある。

・『実践 行動経済学 健康、富、幸福への聡明な選択』、リチャード・セイラー共著、遠藤真美訳、日経BP社、二〇〇九年。
・『賢い組織は「みんな」で決める リーダーのための行動科学入門』、リード・ヘイスティ共著、田総恵子訳、NTT出版、二〇一六年。
・『シンプルな政府 〝規制〟をいかにデザインするか』、田総恵子訳、NTT出版、二〇一七年。
・『ナッジで、人を動かす 行動経済学の時代に政策はどうあるべきか』、田総恵子訳、NTT出版、二〇二〇年。
・『入門・行動科学と公共政策 ナッジからはじまる自由論と幸福論』、吉良貴之訳、勁草書房、二〇二一年。
・『NOISE 組織はなぜ判断を誤るのか？（上・下）』、ダニエル・カーネマン、オリヴィエ・シボニー共著、村井章子訳、早川書房、二〇二一年。
・『NUDGE 実践 行動経済学 完全版』、リチャード・セイラー共著、遠藤真美訳、日経BP、二〇二二年。

翻訳だけでも相当な量だが、あえて最初の一冊をおすすめするならば、手前味噌だが私の翻訳した『入門・行動科学と公共政策』は、ナッジ論だけでなくサンスティーンの法理論全体につながる内容をコンパクトにまとめているので、入門にちょうどよい。また最新の『NOISE』や『NUDGE 実践 行動経済学 完全版』は最近の話題を多く扱っているためとっつきやすい。ちなみに『NUDGE 実践 行動経済学 完全版』は二〇〇九年に翻訳刊行された『実践 行動経済学』の改訂版だが、ナッジの世界的流行を受けて著者たちが大幅に内容を刷新しているので、別の本として読める。サンスティーンの親切なところだが、自身のこれまでの主張を最新の著書でも随所で（最新の文献で補強しながら！）まとめてくれるので、最新のものを読んでおけば一通りのことがわかるようになっているのがありがたい。本書『スラッジ』はコンパクトな記述で読みやすいが、関心をもった読者はぜひ、こうした著書からサンスティーン理論の広がりを実感してもらいたい。

本書の使い方

ナッジ／スラッジの区別は案外難しい、といったこともこの解説では述べたが、本書を読むにあたっては、まずは便利な言葉を手に入れよう、といったぐらいでかまわない。「スラッジ」という言葉を知って初めて、身の回りの無駄に気づくということもあるはずだ。なので、本書を読んだ後は、身の回りのうざいものを「これ悪いスラッジでは？」とどんどん指摘してみよう。そうすると、いや無駄そうに見えて実は……という反論も出てくるかもしれない。「スラッジ監査」は、そういうちょっとした対話から始まるのだ。

二〇二二年一二月

原　注

第1章

1. スラッジという言葉をこのような意味で初めて使ったのは、ケイト・ランバートンだ。最初にツイッターで、その後以下の記事で使っている。Cait Lamberton & Benjamin Castleman, *Nudging in a Sludge-Filled World*, HuffPost (Sept. 30, 2016, 5:41 PM, updated Dec. 6, 2017), https://www.huffpost.com/entry/nudging-in-a-sludgefilled_b_12087688. 同書では「スラッジ監査」の必要性も訴えていたが、本書の意味とはやや違っている。この概念を深く掘り下げたのがリチャード・セイラーだ。以下を参照。Richard Thaler, *Nudge, Not Sludge*, 361 Science 431 (2018).
2. *City Offers Automatic Admission to Graduating Seniors*, City of W. Sacramento (June 8, 2020, 5:46 PM), https://www.cityofwestsacramento.org/Home/Components/News/News/1734/67.
3. Elizabeth Emens, *Life Admin: How I Learned to Do Less, Do Better, and Live More* (2019).
4. 言語ゲームと家族的類似性に関するウィトゲンシュタインの議論は、こうした問題に言及している。以下を参照。Ludwig Wittgenstein, *Philosophical Investigations* (1953)（『哲学探究』L. ウィトゲンシュタイン／鬼界彰夫訳／講談社、2020年）.
5. Matthew Adler, Measuring Social Welfare: An Introduction (2019).
6. Michael Luca et al., *Handgun Waiting Periods Reduce Gun Deaths*, 114 Proc. Nat'l Acads. Sci. 12162 (2017).
7. *SNAP—Adjusting Interview Requirements Due to Novel Coronavirus (COVID-19)—Blanket Approval*, US Dep't of Agric. Food & Nutrition Serv. (June 3, 2020), https://www.fns.usda.gov/snap/adjusting-interview-requirements-covid-19-blanket-waiver.
8. 以下のプレスリリースを参照。Ctrs. for Medicare & Medicaid Servs., *Trump Administration Makes Sweeping Regulatory Changes to Help U.S. Healthcare System Address COVID-19 Patient Surge* (Mar. 30, 2020), https://www.cms.

gov/newsroom/press-releases/trump-administration-makes-sweeping-regulatory-changes-help-us-healthcare-system-address-covid-19.

9. 以下のプレスリリースを参照。FDA, *Coronavirus (COVID-19) Update: FDA Gives Flexibility to New York State Department of Health, FDA Issues Emergency Use Authorization Diagnostic* (Mar. 13, 2020), https://www.fda.gov/news-events/press-announcements/coronavirus-covid-19-update-fda-gives-flexibility-new-york-state-department-health-fda-issues.
10. Julian Christensen et al., *Human Capital and Administrative Burden: The Role of Cognitive Resources in Citizen-State Interactions*, 80 Public Admin. Rev. 127 (2019), https://onlinelibrary.wiley.com/doi/pdf/10.1111/puar13134.
11. Jon Elster, *Sour Grapes* (1983).
12. アメリカの連邦政府は標準的数字を示していないが、「規制影響分析（Regulatory Impact Analyses）」のなかで労働統計局の示した約 27 ドルという数字を使っている。以下などを参照。FDA, FDA-2016-N-2527,Tobacco Product Standard for N-NitrosonornicotineLevel in Finished Smokeless Tobacco Products (Preliminary Regulatory Impact Analysis) 78 (Jan. 2017), https://www.fda.gov/downloads/aboutfda/reportsmanualsforms/reports/economicanalyses/ucm537872.pdf (https://perma.cc/46HT-25RZ) 作業時間は 2015 年 5 月に労働統計局が発表した「職業雇用統計（U.S. Bureau of Labor Statistics, 2015）」に記された現在の賃金相場をもとに評価している。; *Average Hourly and Weekly Earnings of All Employees on Private Nonfarm Payrolls by Industry Sector, easonally Adjusted*, Bureau of Labor Statistics, https://www.bls.gov/news.release/empsit.t19.htm (https://perma.cc/42WN-8CDG)（2019 年 1 月時点の民間部門の平均時給を 27.56 ドルとしている）.
13. U.S. Dep't of Agric. Food & Nutrition Serv., Direct Certification in the National School Lunch Program Report to Congress: State Implementation Progress, School Year 2014-2015 2 (2016)（「直接的承認に際しては通常、州あるいは地域教育委員会で SNAP、TANF、FDPIR の記録と、生徒の登録リストを照合している」）.
14. Id. at 15, 24.
15. Susan Dynarski & Mark Wiederspan, Student Aid Simplification: Looking Back and Looking Ahead 19 (NBER, Working Paper No.17834, 2012), https://www.nber.org/papers/w17834; Eric Bettinger et al., The Role of Simplification and Information in College Decisions: Results from the H&R Block FAFSA Experiment 23 (NBER, Working Paper No. 15361, 2009),

https://www.nber.org/papers/w15361. このプロセスを劇的に簡素化するための民間の取り組みは以下を参照。mos.com.

16. *Automatic Voter Registration*, Brennan Ctr. for Justice (Nov.7, 2018), https://www.brennancenter.org/analysis/automatic-voter-registration (https://perma.cc/6EPA-GD5T). 2018年時点で、13の州（アラスカ、カリフォルニア、コロラド、ジョージア、イリノイ、メリーランド、マサチューセッツ、ニュージャージー、オレゴン、ロードアイランド、バーモント、ワシントン、ウエストバージニア）とコロンビア特別区が有権者の自動登録政策を承認している。以下を参照。*History of AVR & Implementation Dates*, Brennan Ctr. for Justice (Nov. 7, 2018), https://www.brennancenter.org/analysis/history-avr-implementation-dates (https://perma.cc/VXY8-RKQB).
17. Rob Griffin, Paul Gronke, Tova Wang & Liz Kennedy, Ctr. for Am. Progress, Who Votes With Automatic Voter Registration? Impact Analysis of Oregon’s First-in-the-Nation Program (2017), https://www.americanprogress.org/issues/democracy/reports/2017/06/07/433677/votes-automatic-voter-registration/#fn-433677-2 (https://perma.cc/9L7K-YPWX).
18. 以下の議論が参考になる。Elizabeth F. Emens, *Admin*, 103 Geo. L.J. 1409 (2015). 医療分野についての議論は以下を参照。George Loewenstein et al., *A Behavioral Blueprint for Improving Health Care Policy*, 3 Behav. Sci. & Pol’y 53, 53–66 (2017).
19. 44 U.S.C. § § 3501–3521.
20. 44 U.S.C. § 3504(c)（太字は筆者）.
21. このような規制緩和を促す取り組みについては以下を参照。2012年6月22日、キャス・サンスティーンOIRA室長による行政機関長への指示書。https://www.transportation.gov/sites/dot.gov/files/docs/OMB%20Memo%20on%20Reducing%20Reporting%20and%20Paperwork%20Burdens.pdf; 2012年8月9日、キャス・サンスティーンOIRA室長による省庁・独立規制委員会の長への指示書。https://obamawhitehouse.archives.gov/sites/default/files/omb/inforeg/memos/testing-and-simplifying-federal-forms.pdf.
22. 44 U.S.C. § 3514(a). 規定に反して2016年から2020年の期間中レポートは1回しか作成されていない。
23. OIRA, Information Collection Budget of the United States Government (2017), https://www.whitehouse.gov/wp-content/uploads/2020/02/icb_2017 -FINAL-1.pdf.

24. 残念ながら「情報収集予算」では情報収集が自発的なものか否かを区別していない。だがその大半が非自発的なものであるのは明らかだ。たとえば財務省の場合、全体の半分を内国歳入庁（IRS）が占めるが、IRS のルールは国民が自発的に順守するものではない。
25. アメリカ連邦政府は標準的数字を示していないが、「規制影響分析（Regulatory Impact Analyses）」のなかで労働統計局の示した約 27 ドルという数字を使っている。注 12 を参照。

第 2 章

1. Cox v. New Hampshire, 312 U.S. 569, 575, 576 (1941)（言論の「時、場所、方法」のみを規制する許可制度を指示した）.
2. Thomas Emerson, *The Doctrine of Prior Restraint*, 20 Law &Contemp. Probs. 648, 670 (1955)（事前の制約を「私達の経験に照らすと、自由なコミュニケーションを抑圧する、強力かつ不要な統治制度を生み出す傾向のある管理方法」と定義している）.
3. Felice J. Freyer, *Emergency Rooms Once Offered Little for Drug Users. That's Starting to Change, Bos*. Globe (Dec. 10, 2018), https://www.bostonglobe.com/metro/2018/12/09/emergency-rooms-once-had-little-offer-addicted-people-that-starting-change/guX2LGPqG1UdAf9xUV9rXI/story.html (https://perma.cc/FH6P-C2UF).
4. 同上（マサチューセッツ総合病院における、オピオイド中毒患者への救急対応能力を強化する取り組みを説明している）。
5. ここではジェレミー・ファウストの業績を参考にしている。Jeremy Samuel Faust & Cass R. Sunstein, Opinion, *Cut the Federal Bureaucratic Sludge*, Bos. Globe(Oct.8, 2019, 5:00 AM), https://www.bostonglobe.com/opinion/2019/10/08/cut-federal-bureaucratic-sludge/JsLjUUdmy2WwA6xdQXjoGI/story.html.
6. David Cutler & Dan Ly, *The (Paper) Work of Medicine: Understanding International Medical Costs*, 25 J. Econ. Persps. 3 (2011).
7. Pamela Herd & Donald P. Moynihan, Administrative Burden: Policymaking by Other Means 23 (2019); Donald Moynihan et al., *Administrative Burden: Learning, Psychological, and Compliance Costs in Citizen-State Interactions*, 25 J. Pub. Admin. Res. & Theory 43, 45–46 (2014).
8. Janet Currie, *The Take Up of Social Benefits* 11–12 (Inst. for the Study of Labor in Bonn, Discussion Paper No. 1103, 2004)（アメリカとイギリスにお

ける社会給付の受給率を調べている). 以下も参照。Katherine Baicker, William J. Congdon & Sendhil Mullainathan, *Health Insurance Coverage and Take-Up: Lessons from Behavioral Economics*, 90 Milbank Q. 107 (2012) (医療保険の加入率が低い理由を行動経済学の視点から分析している) ; Carole Roan Gresenz, Sarah E. Edgington,Miriam Laugesen, & Jose J. Escarce, *Take-Up of Public Insurance and Crowd-Out of Private Insurance Under Recent CHIP Expansions to Higher Income Children*, 47 Health Servs. Res. 1999 (2012) (CHIPの対象拡大が医療保険の加入率に与える影響を分析している);

Saurabh Bhargava & Dayanand Manoli, *Improving Take-Up of Tax Benefits in the United States*, Abdul Latif Jameel Poverty Action Lab (2015), https://www.povertyactionlab.org/evaluation/improving-take-tax-benefits-united-states (https://perma.cc/TPW8-XDHU) (アメリカで「社会的および経済的給付を受給する資格があるにもかかわらず、多くの人が請求していない」と指摘).

9. Regulatory Reform Team, *Case Study: Chicago Licensing and Permitting Reform*, Data-Smart City Solutions (Mar. 19, 2015), https://datasmart.ash.harvard.edu/news/article/case-study-chicago-licensing-and-permitting-reform-647 (https://perma.cc/X3YJ-JSLM) (シカゴ市の規制状況を評価し「建築規制に関する許認可案件の約17%が情報が不十分であったために差し戻しされていた」事実などが明らかになったとしている).
10. このテーマについては以下を参照。Cass R. Sunstein, *On Freedom* (2019).
11. 概要を理解するための優れた文献として以下を参照。Richard H. Thaler, *Misbehaving* (2016).
12. Benjamin Enke et al., *Cognitive Biases: Mistakes or Missing Stakes?* (CESifo, Working Paper No. 8168, 2020), https://www.ifo.de/DocDL/cesifo1_wp8168.pdf?fbclid=IwAR3NcT1bGAYWjDbRPp7ki6Mfq5IQbXtJQuMg3h-LgVcPvLIWhkRJe81hUeA.
13. Brigitte C. Madrian & Dennis F. Shea, *The Power of Suggestion: Inertia in 401(k) Participation and Savings Behavior*, 116 Q.J. Econ.1149, 1185 (2001) (401K型年金への加入を妨げる要因として惰性を挙げている). 以下も参照。John Pottow & Omri Ben-Shahar, *On the Stickiness of Default Rules*, 33 Fla. St. U. L. Rev. 651, 651 (2006) (「文書作成コスト以外にも、当事者が不利なデフォルトルールを選択する要因が確認されている」).
14. George Akerlof, *Procrastination and Obedience*, 81 Am. Econ. Rev. 1, 1–17 (1991) (先延ばしなどいくつかの「行動的病理」を分析している).
15. 特に衝撃的な事例は以下を参照。Peter Bergman, Jessica Lasky-Fink &

Todd Rogers, *Simplification and Defaults Affect Adoption and Impact of Technology, but Decision Makers Do Not Realize This* (Harvard Kennedy Sch. Faculty Research Working Paper Series, Working Paper No. RWP17-021, 2018), https://ssrn.com/abstract=3233874 (https://perma.cc/YWN6-BBCJ).

16. Ted O'Donoghue & Matthew Rabin, *Present Bias: Lessons Learned and To Be Learned*, 105 Am. Econ. Rev. 273, 273–78 (2015).
17. Sendhil Mullainathan & Eldar Shafir, Scarcity (2015).
18. Susan Parker, *Esther Duflo Explains Why She Believes Randomized Controlled Trials Are So Vital*, Ctr. for Effective Philanthropy: Blog (June 23, 2011), https://cep.org/esther-duflo-explains-why-she-believes-randomized-controlled-trials-are-so-vital/.
19. Pamela Herd & Donald P. Moynihan, Administrative Burden: Policymaking by Other Means (2019). 関連する議論として以下も参照。Jessica Roberts, *Nudge-Proof: Distributive Justice and the Ethics of Nudging*, 116 Mich. L. Rev. 1045 (2018). こうした考えはPRAも支持しており、「最も不利な影響を受ける個人や組織を特に重視すること」と定められている。44 U.S.C. § 3504(c)(3) (2012).
20. Karen Arulsamy & Liam Delaney, *The Impact of Automatic Enrolment on the Mental Health Gap in Pension Participation: Evidence from the UK* (Geary Inst., Working Paper No. 202004, 2020), https://ideas.repec.org/p/ucd/wpaper/202004.html.
21. Herd & Moynihan, supra note 19, at 30–31.
22. 19を参照（日々の管理業務が女性に偏っていることを説明している)。

第3章

1. Richard H. Thaler & Cass R. Sunstein, *Nudge* 83–105 (2008)（『実践 行動経済学　健康、富、幸福への聡明な選択』リチャード・セイラー&キャス・サンスティーン／遠藤真美訳／日経BP社、2009年）（選択の設計を説明している).
2. Peter Bergman & Todd Rogers, *The Impact of Defaults on Technology Adoption* 5 (Harvard Kennedy Sch. Faculty Research Working Paper Series, Working Paper No. RWP17-021, 2018), https://scholar.harvard.edu/files/todd_rogers /files/bergman_and_rogers_the_impace_of_defaults .pdf (https://perma.cc/N7GF-BCY9).
3. Id.

4. Id.
5. 以下などを参照。Brigitte C. Madrian & Dennis F. Shea, *The Power of Suggestion: Inertia in 401(k) Participation and Savings Behavior,* 116 Q.J. Econ. 1149, 1184 (2001) （デフォルトオプションの変更により、401K 加入率と選択の惰性にどのような行動的変化が生じるかをまとめている）. 惰性が交通手段の選択に及ぼす影響については以下を参照。Alessandro Innocenti, Patrizia Lattarulo & Maria Grazia Pazienza, *Heuristics and Biases in Travel Mode Choice* 20 (LabSi, Working Paper No. 27/2009, 2009), http://www.labsi.org/wp/labsi27.pdf(https://perma.cc/P23F-42UL).
6. ここではこの分野の先駆者である、アリスター・マーティンとの共同研究を引用した。Alister Martin & Cass R. Sunstein, *In the ER? Sign Up to Vote,* Bos. Globe (Jan. 13, 2020), https://www.bostonglobe.com/2020/01/13/opinion/er-sign-up-vote/.
7. Thom File, US Census Bureau, No. P20–577, Who Votes? Congressional Elections and the American Electorate: 1978–2014.
8. *Why Are Millions of Citizens Not Registered to Vote?*, Pew Charitable Trs. (June 21, 2017), https://www.pewtrusts.org/en/research-and-analysis/issue-briefs/2017/06/why-are-millions-of-citizens-not-registered -to-vote.
9. James J. Augustine, *The Latest Emergency Department Utilization Numbers Are In,* ACEP Now (Oct. 20, 2019), https://www.acepnow.com/article/the-latest-emergency-department-utilization-numbers-are-in/.
10. Alisha Liggett et al., *Results of a Voter Registration Project at Two Family Medicine Residency Clinics in the Bronx, New York,* 12 Annals Fam. Med. 466 (2014).
11. *MGH Votes!*, Mass. Gen. Hosp. (Sept. 7, 2018), https://www.massgeneral.org/news/article/mgh-votes.
12. VotER, https://vot-er.org/(last visited June 15, 2020).
13. National Voter Registration Act of 1993, 52 U.S.C. § 20507(d) (2012). 国家有権者登録法のこの条項にはさまざま目的があるが、その１つは「正確かつ最新の有権者登録名簿が維持されるようにすること」である。52 U.S.C. § 20501(b)(4).
14. これは連邦法の推奨する方法だ。以下を参照。52 U.S.C. § 20507(c)(1). 36州が少なくともこれを採用している。Nat'l Assn. of Sec' ys of State, NASS Report: Maintenance of State Voter Registration Lists 5–6 (2017) (Dec. 2017), https://www.nass.org/sites/default/files/reports/nass-report-voter-reg-maintenance-final-dec17.pdf (https://perma.cc/FXJ6-RPXK). たとえば以下

を参照。Iowa Code § 48A.28.3 (2018)（通知を毎年送付することを認めている）; Ga. Code Ann. § 21-2-234(a)(1)–(2) (2018)（3年間にわたり「一切連絡のなかった」登録者に通知が送られる）; Pa. Stat. Ann., tit. 25, § 1901(b)(3) (2018) (notice sent to voters who have not voted in five years); Ohio Rev. Code Ann. § 3503.21(B)(2) (2018)（2回連続して連邦選挙で投票しなかった登録者に通知が送られる）. 州間データベースで不審な点が見受けられた登録者に通知を送る州もある。一例として以下を参照。Okla. Admin. Code § 230:15-11-19(a)(3) (2018)（前々回の総選挙以来投票しておらず、さらに州間データベースに照会しても不明な登録者に通知が送付される）; Wis. Stat. Ann. § 6.50(1) (2018)（過去4年間投票していなかった有権者に通知が送付される）. 以下も参照。Jonathan Brater et al., Brennan Center for Justice at the New York University School of Law, Purges: A Growing Threat to the Right to Vote 7–8 (2018)（オクラホマ州が使っている「クロスチェック」システムがどれほど不正確であるか説明している）.

15. 52 U.S.C. § 20507(d)(1)(ii).
16. 52 U.S.C. § 20507(d) は、住所変更を理由に有権者を登録名簿から削除するための2つの十分条件の1つとして、返信用ハガキを送付しないことを挙げている。Husted v. A. Philip Randolph Inst., 138 S. Ct. 1833, 1845 (2018)（有権者は返信用ハガキを廃棄してしまうことがあまりに多いので、ハガキを送付すること自体に「意味がない」という主張は否定されている）.
17. 関連する議論として以下を参照。Petra Persson, *Attention Manipulation and Information Overload*, 2 Behav. Pub. Pol'y 78 (2018); Thomas Blake, Sarah Moshary, Kane Sweeney & Steven Tadelis, *Price Salience and Product Choice* (NBER, Working Paper No. 25186, 2018), https://www.nber.org/papers/w25186?sy=186 (https://perma.cc/Y54U-9K9S).
18. Wendy Wagner, *Incomprehensible!* (2019).
19. Arunesh Mather et al., *Dark Patterns at Scale: Findings from a Crawl of 11K Shopping Websites,* 3 Proc. ACM Hum.-Comput.Interact. 81 (2019), https://arxiv.org/pdf/1907.07032.pdf.
20. Xavier Gabaix & David Laibson, Shrouded Attributes, Consumer Myopia, and Information Suppression in Competitive Markets, 121 Q.J. Econ. 505 (2006).

第4章

1. Pamela Herd & Donald P. Moynihan, *Administrative Burden: Policymaking by*

Other Means (2019).
2. 重要な議論として以下を参照。Wendy Wagner, *Incomprehensible!* (2019).
3. Herd & Moynihan, supra note 1, at 215.
4. Id. at 233.
5. Id. at 215.
6. Id. at 219; 225–226.
7. Id. at 227.
8. Id. at 233.
9. Id. at 237.
10. Id.
11. Katherine Baicker, William J. Congdon & Sendhil Mullainathan, *Health Insurance Coverage and Take-Up: Lessons from Behavioral Economics*, 90 Milbank Q. 107 (2012).
12. Ben Sommers et al., US Dep't Health & Hum. Services: Office of the Assistant Secretary for Planning and Evaluation, *ASPE Issue Brief: Understanding Participation Rates in Medicaid: Implications for the Affordable Care Act* (2012), https://aspe.hhs.gov/basic-report/understanding-participation -rates-medicaid-implications-affordable-care-act. 以下も参照。Baicker, Congdon & Mullainathan, supra note 11.
13. Id.
14. Making Work Pay (Bruce Meyer & Douglas Holtz-Eakin eds. 2002).
15. Herd & Moynihan, supra note 1, at 191.
16. Id. at 196.
17. Id. at 194.
18. Id. at 196.
19. 意外なことに、自動登録とEITCについては文献が存在しないようだ。今後も継続して研究が必要な分野だ。
20. Herd & Moynihan, supra note 1, at 213.
21. *Policy Basics: The Supplemental Nutrition Assistance Program (SNAP)*, Ctr. on Budget & Policy Priorities (June 25, 2019), https://www.cbpp.org/research/food-assistance/policy-basics-the-supplemental-nutrition-assistance-program-snap.
22. *SNAP Data Tables*, USDA (May 15, 2020), https://www.fns.usda.gov/pd/supplemental-nutrition-assistance-program-snap.
23. *The Positive Effect of SNAP Benefits on Participants and Communities*, Food Research & Action Ctr., https://frac.org/programs/supplemental-nutrition-

assistance-program-snap/positive-effect-snap-benefits-participants-communities（2020 年 6 月 15 日に確認）.

24. Id. 学生や不法移民など、一部の住民は SNAP の給付対象から除外されている。

25. David Ribar, *How to Improve Participation in Social Assistance Programs*, 104 IZA World of Lab., Dec. 2014, at 3.

26. Karen Cunnyngham, USDA, Reaching Those in Need: Estimates of State Supplemental Nutrition Assistance Program Participation Rates in 2016 1 (2019); Mark Prell et al., USDA, Annual and Monthly SNAP Participation Rates 2 (2015).

27. Janet M. Currie, The Invisible Safety Net 68–70 (2006).

28. Brian Stacy et al., USDA, Using a Policy Index To Capture Trends and Differences in State Administration of USDA's Supplemental Nutrition Assistance Program 15 (2018).

29. Currie, supra note 27, at 68.

30. Id. at 68–69.

31. *SNAP Online: A Review of State Government SNAP Website*, Ctr. on Budget & Policy Priorities (Jan. 27, 2020), https://www.cbpp.org/research/food-assistance/snap-online-a-review-of-state-government-snap-websites.

32. Hiram Lopez-Ladin, AARP Foundation, SNAP Access Barriers Faced by Low Income 50–59 Year Olds 15 (2013).

33. Id. at 5.

34. Tatiana Homonoff & Jason Somerville, *Program Recertification Costs: Evidence from SNAP* (NBER, Working Paper No. 27311, 2020).

35. Id.

36. Id. at 3.

37. Id. at 4.

38. Id. at 5.

39. C. A. Pinard et al., *What Factors Influence Snap Participation? Literature Reflecting Enrollment in Food Assistance Programs from a Social and Behavioral Science Perspective*, 12 J. Hunger & Envt'l Nutrition 151, 157 (2017).

40. *Policy Basics: Temporary Assistance for Needy Families*, Ctr. on Budget & Policy Priorities (Feb. 6, 2020), https://www.cbpp.org/research/family-income-support/temporary-assistance-for-needy-families.

41. Linda Giannarelli, Urban Inst., What Was the TANF Participation Rate in

2016? (2019).
42. Ife Floyd, *Cash Assistance Should Reach Millions More Families*, Ctr. on Budget & Policy Priorities (Mar. 4, 2020), https://www.cbpp.org/research/family-income-support/cash-assistance-should-reach-millions-more-families.
43. Id.
44. Id.
45. 各州にはTANFの受給資格と申請手続きを定めるうえで大きな裁量が認められている *Policy Basics: Temporary Assistance for Needy Families*, supra note 40, at 3. たとえばコロンビア特別区は、申請し、対面の面談を受け、さらには申請者に所得、資産、居住証明、社会保障番号、医療診断結果、出入国情報、出生証明書、親族以外からの証明書の提出を求める場合もある。以下を参照。*TANF for District Families*, DC Dep't of Human Servs., https://dhs.dc.gov/service/tanf-district-families(2020年 8月18日に確認); *Documents You May Need for Your Interview*, DC Dep't of Human Servs., https://dhs.dc.gov/service/documents-you-may-needyour-interview（2020年8月18日に確認).
46. Heather Hahn et al., Urban Inst., Work Requirements in Social Safety Net Programs (2017); Pamela A. Holcomb et al., US Dep't of Health & Human Servs., The Application Process for TANF, Food Stamps, Medicaid and SCHIP 3–9 (2003).
47. Holcomb et al., supra note 46, at v.
48. Barak Y. Orbach, *Unwelcome Benefits: Why Welfare Beneficiaries Reject Government Aid*, 24 Law & Ineq. 108, 120–123 (2006).
49. *Online Services for Key Low-Income Benefit Programs*, Ctr. on Budget & Policy Priorities (July 29, 2016), https://www.cbpp.org/research/online-services-for-key-low-income-benefit-programs.
50. Id.
51. Jennifer Stuber & Karl Kronebusch, *Stigma and Other Determinants of Participation in TANF and Medicaid*, J. 23 Pol'y Analysis & Mgmt. 509 (2004).
52. Id.
53. Orbach, supra note 48, at 129–130.
54. Id.
55. Sheila R. Yedlewski, Urban Inst., Left Behind or Staying Away? Eligible Parents Who Remain Off TANF 5 (2002).
56. Id.

57. Patient Protection and Affordable Care Act of 2010, Pub. L. No. 111–148,124 Stat. 119（以下に成文化されている。42 U.S.C. § 18001 (2012)）.
58. Herd & Moynihan, supra note 1, at 98.
59. Id. at 99.
60. Id. at 118.
61. Patient Protection and Affordable Care Act; HHS Notice of Benefit and Payment Parameters for 2021; Notice Requirement for Non-Federal Governmental Plans, 85 Fed. Reg. 7088, 7119–7120 (Feb. 6, 2020).
62. *Sabotage Watch: Tracking Efforts to Undermine the ACA*, Ctr. on Budget & Policy Priorities (June 12, 2020), https://www.cbpp.org/sabotage-watch-tracking-efforts-to-undermine-the-aca.
63. Alex Olgin, *Reductions in Federal Funding for Health Law Navigators Cut Unevenly*, Nat'l Pub. Radio (Oct. 26, 2017, 12:54 PM), https://www.npr.org/sections/health-shots/2017/10/26/559574743/money-for-health-law-navigators-slashed-except-where-it-s-not.
64. 以下のプレスリリースを参照。*CMS Announcement on ACA Navigator Program and Promotion for Upcoming Open Enrollment*, CMS .gov (Aug. 31, 2017), https://www.cms.gov/newsroom/press-releases/cms-announcement-aca-navigator-program-and-promotion-upcoming-open-enrollment.
65. Olgin, supra note 63.
66. Amy Goldstein, *Federal Notices about ACA Enrollment Season Get Cut in Number and Messaging*, Wash. Post (Nov. 1, 2017), https://www.washingtonpost.com/national/health-science/federal-notices -about-aca-enrollment-season-get-cut-in-number-and-messaging/2017/11/01/e0eeb872-bf16-11e7-97d9-bdab5a0ab381_story .html.
67. *Status of State Action on the Medicaid Expansion Decision*, Kaiser Family Found. (May 29, 2020), https://www.kff.org/about-us/.
68. *Medicaid Expansion & What It Means for You*, HealthCare .gov, https://www.healthcare.gov/medicaid-chip/medicaid-expansion-and-you/（2020 年 6 月 14 日に確認).
69. Selena Simmons-Duffin, *Trump Is Trying Hard to Thwart Obamacare. How's That Going?*, Nat'l Pub. Radio (Oct. 14, 2019, 3:54 PM), https://www.npr.org/sections/health-shots/2019/10/14/768731628/trump-is-trying-hard-to-thwart-obamacare-hows-that-going.
70. Ian Hill & Emily Burroughs, Urban Inst., Lessons from Launching Medicaid Work Requirements in Arkansas 1 (2019).

71. Id. at 6.
72. Id. at 7.
73. Id. at 15.
74. Id. at 17.
75. Social Security Amendments of 1965, Pub. L. 89–97, 79 Stat. 286（以下の条文に成文化されている。25, 26, 29 & 42 U.S.C.(2012)）. メディケアは4つのパートで構成されている。パートAは病院保険（42 U.S.C. § 1395c）、パートBが 補足的医療保険（42 U.S.C. § 1395j）、パートCがメディケア・アドバンテージプラン（42 U.S.C. § 1395w-21）、そしてパートDが外来処方箋薬給付（42 U.S.C. § 1395w-101）である。
76. Herd & Moynihan, supra note 1, at 134–135.
77. Id. at 134.
78. Saurabh Bhargava et al., *Choose to Lose: Health Plan Choices From a Menu with Dominated Options*, 132 Q.J. Econ. 1319, 1322 (2017)（実験およびフィールド調査の両方において、個人は最も金銭的に有利なプランを選択しなかった）.
79. Herd & Moynihan, supra note 1, at 138.
80. *Why Occupational Licensing Reform Is Needed*, Charles Koch Inst., https://www.charleskochinstitute.org/issue-areas/stopping-corporate-welfare/why-occupational-licensing-reform-is-needed/（2020年6月9日に確認）.
81. Dick M. Carpenter II et al., Inst. for Just., License to Work: A National Study of Burdens from Occupational Licensing (2d ed.2017), https://ij.org/wp-content/themes/ijorg/images/ltw2/License_to_Work_2nd_Edition .pdf.
82. id. at 16.
83. id.
84. *Forms*, S.D. Dep't Labor & Reg.: S.D. Cosmetology Comm'n, https://dlr.sd.gov/cosmetology/forms.aspx（2020年6月11日に確認）.
85. US Dep't of Homeland Sec. & US Dep't of Def., C-FF91556, Report on Barriers to Portability of Occupational Licenses Between States, Appendix C (2018), https://download.militaryonesource.mil/12038/MOS/Reports/barriers-to-portability-of-occupational-licenses-between-states.pdf.
86. NAFSA: Ass'n of Int'l Educators, *Economic Value Statistics* (2019), https://www.nafsa.org/policy-and-advocacy/policy-resources/nafsa-international-student-economic-value-tool-v2.
87. Id.
88. Id.

89. Institute of International Education, What International Students Think About U.S. Higher Education 6 (2015).
90. US Immigration & Customs Enf't, SEVIS by the Numbers: Annual Report on International Student Trends 1 (2018).
91. US Dep't of State, *Non-Immigrant Visa Statistics FY 2019 NIV Detail Table*, https://travel.state.gov/content/travel/en/legal/visa-law0/visa-statistics / nonimmigrant-visa-statistics.html.
92. Id.
93. Id.
94. Harvard Int'l Office, *Applying for Your Visa*, https://hio.harvard.edu/applying-your-visa.
95. US Immigration & Customs Enf't, *I-901 SEVIS Fee Frequently Asked Questions*, https://www.ice.gov/sevis/i901/faq.
96. US Dep't of State, DS-160: *Online Nonimmigrant Visa Application*, https://travel.state.gov/content/travel/en/us-visas/visa-information-resources/forms/ds-160-online-nonimmigrant-visa-application.html（政府機関のウェブサイトの情報は時間の経過とともに変化する。本書で言及しているのは2020年時点の規定だ).
97. US Dep't of State, *Student Visa*, https://travel.state.gov/content/travel/en/us-visas/study/student-visa.html.
98. US Embassy Singapore, *Bank and Payment Options/Pay My Visa Fee*, https://www.ustraveldocs.com/sg/sg-niv-paymentinfo.asp.
99. 例えば、写真は正方形で、被写体の頭部（顎から頭頂部）は1～1.375インチ以内、正面を向き6カ月以内に撮影されたものでなければならない。US Dep't of State, *Photo Requirements*, https://travel.state.gov/content/travel/en/us-visas/visa-information-resources/photos.html. たとえば以下を参照。US Embassy Singapore, *Photo Studios*, https://sg.usembassy.gov/u-s-citizen-services/passports/photo-requirements/photo-studios/.
100. US Embassy & Consulates in the United Kingdom, *The Interview*, https://uk.usembassy.gov/visas/tourism-visitor/the-interview/.
101. Id.
102. Id.
103. US Dep't of State, *Administrative Processing Information*, https://travel.state.gov/content/travel/en/us-visas/visa-information-resources/administrative-processing-information.html.
104. Anemona Hartocollis, *International Students Face Hurdles under Trump*

Administration Policy, NYT (Aug. 28, 2019),https://www.nytimes.com/2019/08/28/us/international-students-visa.html.

105. US Dep't of State, *Nonimmigrant Visa Statistics: FY2019 NIVWorkload by Visa Category*, https://travel.state.gov/content/travel/en/legal/visa-law0/visa-statistics/nonimmigrant-visa-statistics.html.

106. Planned Parenthood of Se. Pa. v. Casey, 505 U.S. 833, 874 (1992).

107. Herd & Moynihan, supra note 1, at 90–92; Kate L. Fetrow, Note, *Taking Abortion Rights Seriously: Toward a Holistic Undue Burden Jurisprudence*, 70 Stan. L. Rev. 319 (2018).

108. Herd & Moynihan, supra note 1, at 71.

109. 実態を記録した貴重な資料として、以下を参照。Mara Buchbinder et al., *"Prefacing the Script" as an Ethical Response to State-Mandated Abortion Counseling*, 7 AJOB Empirical Bioethics48 (2016), https://www.ncbi.nlm.nih.gov/pmc/articles/PMC4999071/.

110. Herd & Moynihan, supra note 1, at 78–79.

111. Id. at 82.

112. Id.

113. *How the Knights of Columbus Save Lives: 1,000 Ultrasound Machine Donations* (2019), https://www.catholicnewsagency.com/news/how-the-knights-of-columbus-save-lives-1000-ultrasound-machine-donations-65312.

114. Herd & Moynihan, supra note 1, at 47.

115. Id. at 63–64「共和党が強い州と有権者 ID 法の相関に触れ、党の政策との相関を説明している」.

116. Vann R. Newkirk II, *The Georgia Governor's Race Has Brought Voter Suppression into Full View*, Atlantic (Nov. 6, 2018), https://www.theatlantic.com/politics/archive/2018/11/how-voter-suppression-actually-works/575035/.

117. Jonathan Brater et al., Brennan Center for Justice at the New York University School of Law, Purges: A Growing Threat to the Right to Vote 1 (2018).

118. Herd & Moynihan, supra note 1, at 53.

119. Ella Nilsen, *Why New York City Voter Rolls Were Missing Names Again, Explained*, Vox (Sept. 13, 2018, 3:30 PM), https://www.vox.com/2018/9/13/17855254/new-york-city-voters-rolls-purges-missing-names-2018-midterms.

120. Brater et al., supra note 117, at 5–6.

121. *Voter Identification Requirements: Voter ID Laws*, Nat'l Conference of State

Legislatures, http://www.ncsl.org/research/elections-and-campaigns/voter-id.aspx(https://perma.cc/QF6Z-VAKK)（34 の州が有権者に投票の際に何らかの身分証の提示を要請あるいは要求しており、このうち 7 州は州が発行する写真付き身分証の提示を義務づけている）.

122. Denise Lieberman, *Barriers to the Ballot Box: New Restrictions Underscore the Need for Voting Laws Enforcement*, 39 Hum. Rts. 2, 3 (2012).
123. Rebekah Barber, *The Long Fight over Using Student IDs to Vote in North Carolina*, Facing South (Oct. 22, 2019), https ://www.facingsouth.org/2019/10/long-fight-over-using-student-ids-vote-north-carolina.
124. Herd & Moynihan, supra note 1, at 52.
125. Id. at 2.
126. Sendhil Mullainathan, *For Racial Justice, Employees Need Paid Hours Off for Voting*, NYT (June 12, 2020), https://www.nytimes.com/2020/06/12/business/for-racial-justice-employees-need-paid-hours-off-for-voting.html.

第 5 章

1. 6 U.S.C. § 795 (2012)（「連邦政府による災害救済扶助制度を管理する機関の長は、不正、ムダ、乱用を防止し、発見するための内部統制を整備し、維持しなければならない」）; Jerry L. Mashaw & Theodore R. Marmor, *Conceptualizing, Estimating, and Reforming Fraud, Waste, and Abuse in Healthcare Spending*, 11 Yale J. on Reg. 455 (1994); Julie K. Taitsman, *Educating Physicians to Prevent Fraud, Waste, and Abuse*, 364 New Eng. J. Med. 102, 102 (2011).
2. たとえば以下を参照。US Office of Pers. Mgmt., Standard Form 86: Questionnaire for National Security Positions (2010), https://www.opm.gov/forms/pdf_fill/sf86-non508.pdf (https://perma.cc/KB9P-JJ8D).
3. Ekambaram Paleenswaran & Mohan Kumaraswamy, *Recent Advances and Proposed Improvements in Contractor Prequalification Methodologies*, 36 Building & Env't 73 (2001).
4. 2018 年 8 月 6 日付、必要事項をあらかじめ書類に入力しておくことの必要性を強調する OIRA のネオミ・ラオ室長の指示書。 https://www.whitehouse.gov/wp-content/uploads/2018/08/Minimizing-Paperwork-and-Reporting-Burdens-Data-Call-for-the-2018-ICB.pdf (https://perma.cc/KF9L-N6NZ), 以下、2018 年 8 月 6 日、ネオミ・ラオ OIRA 室長による指示書と表記する（「政府機関は前回の申請時と変わらないデータを求めることもある。そのような場合、申請者に事前記入済の電子フォームの使用を認める、あるいは使

用する選択肢を与えるべきだ」).

5. Austan Goolsbee, Brookings Inst., The "Simple Return": Reducing America's Tax Burden through Return-Free Filing 2 (2006), https://www.brookings.edu/wp-content/uploads/2016/06/200607goolsbee.pdf (https://perma.cc/C695-5YQL)（「しかし簡易申告書の使用を認められている数百万人にとって、税務申告手続きは数字を確認し、署名し、その後小切手を送るか還付を受け取るだけに過ぎない」).
6. 2018年8月6日、ネオミ・ラオOIRA室長による指示書（「状況によっては書類の必要事項を事前に記入して配布すること、さらには自動的、生成的、あるいは直接的に参加を承認することも検討する価値がある」).
7. Protecting Americans from Tax Hikes (PATH) Act, Pub. L. No.114–113, 129 Stat. 2242 (2015)（第2章は「制度の健全性」、すなわちEITCをはじめとする政府の制度での不正や不正確な支給を防ぐための規定）; *Leslie Book et al., Insights from Behavioral Economics Can Improve Administration of the EITC,* 37 Va. Tax Rev. 177, 180 (2018)（EITCによる還付金の43～50%は不正確であり、その責任は請求者に帰せられるものであるため、「制度の健全性」はIRS職員にとって重要なテーマである、と指摘している）。*Program Integrity,* Ctrs. for Medicare & Medicaid Servs., https://www.medicaid.gov/medicaid/program-integrity/index.html (https://perma.cc/2ZMC-XTSH) (Medicaid Program Integrity); *Reducing Improper Payments,* Soc. Sec. Admin., https://www.ssa.gov/improperpayments (https://perma.cc/T8ZN-XA32) (Social Security programs).
8. 以下などを参照。Husted v. A. Philip Randolph Inst., 138 S. Ct. 1833, 1848（「NVRAは、ハガキを返送せず、さらにその後2回の議会選挙に投票しなかったという事実が重なった場合、有権者が引っ越しをしたという重大な証拠になるという議会の判断を反映している」).
9. Daniel Kahneman, *Thinking, Fast and Slow* 13–15 (2011).（『ファスト＆スロー　あなたの意思はどのように決まるか？』村井章子訳、早川書房、2012年).
10. 以下などを参照。Fla. Stat. Ann. § 741.04 (2018)（結婚の当事者2人が婚前教育講座を受けていない場合、結婚証明書の発効日を申請日の3日後とする). Mass. Ann. Laws ch. 208, § 21 (LexisNexis 2018)（離婚が完全に成立するのは裁定が下った90日後とする).
11. Pamaria Rekaiti & Roger Van den Bergh, *Cooling-Off Periods in the Consumer Laws of the EC Member States: A Comparative Law and Economics Approach,* 23 J. Consumer Pol'y 371, 397 (2000)（「クーリングオフを設ける

ことは、不合理な行動、独占状態、情報の非対称性の問題への処方箋となる」); Dainn Wie & Hyoungjong Kim, *Between Calm and Passion: The Cooling-Off Period and Divorce Decisions in Korea*, 21 Feminist Econ. 187, 209 (2015)(「離婚原因が不誠実、虐待、あるいは他の親族との不和による場合、冷却期間を設けることは離婚率に有意な影響を及ぼさない。(中略)性格の不一致や経済的苦境を離婚原因とする夫婦は、冷却期間を設けることで離婚率の変化が見られた」).

12. 以下などを参照。Cal. Penal Code § 26815(a) (2018)(あらゆる銃器の購入前に 10 日間の待機を義務づける).
13. Michael Luca et al., *Handgun Waiting Periods Reduce Gun Deaths*, 114 Proc. Nat'l Acads. Sci. 12162 (2017).
14. U.S. Dep't of Agriculture, Direct Certification in the National School Lunch Program Report to Congress: State Implementation Progress, School Year 2014-2015 2 (2016)(「直接的認証においては通常、州あるいは地域教育委員会で SNAP、TANF、FDPIR 記録と、生徒の登録リストの突合を実施する」).
15. これに関するトレードオフについては以下を参照。Memorandum from Jeffrey D. Zients, Dep. Dir. for Mgmt., & Cass R. Sunstein, Admin., OIRA, to the Heads of Executive Departments and Agencies (Nov. 3, 2010), https://obamawhitehouse.archives.gov/sites/default/files/omb/memoranda /2011/m11-02.pdf (https://perma.cc/56QK-7HCR)(連邦政府機関にプライバシー法を順守しつつ、プログラムの実施状況を改善するためデータの共有を促している).
16. Shoshana Zuboff, The Age of Surveillance Capitalism: The Fight for a Human Future at the New Frontier of Power (2019).
17. Albert Nichols & Richard Zeckhauser, *Targeting Transfers through Restrictions on Recipients*, 72 Am. Econ. Rev. 372 (1982); Vivi Alatas et al., *Ordeal Mechanisms in Targeting: Theory and Evidence from a Field Experiment in Indonesia* (NBER, Working Paper No. 19121, 2013), https://www.nber.org/papers/w19127.pdf (https://perma.cc/6XFF-QP8E); Amedeo Fossati & Rosella Levaggi, Public Expenditure Determination in a Mixed Market for Health Care (May 4, 2004)(未発表の草稿)https://papers.ssrn.com/sol3/papers.cfm?abstract_id=539382 (https://perma.cc/GF5A-YRY5); Sarika Gupta, Perils of the Paperwork: The Impact of Information and Application Assistance on Welfare Program Take-Up in India (Nov. 15, 2017)(ハーバード大学ケネディスクール在学中執筆の未公開論文)https://scholar.harvard.edu/files/sarikagupta/files/gupta_jmp_11_1 .pdf (https://perma.cc/

K4HY-3YK4).

18. 人々が列に並ぶ、税務申告を準備するといった作業を有償で他者に委ねると、WTP と WTPT の差は解消するかもしれない。

19. IRS は納税者の 60%に対し、オンラインで無料の税務申告準備を提供している。IRS' Intent to Enter into an Agreement with Free File Alliance, LLC (i.e., Free File Alliance), 67 Fed. Reg. 67,247 (Nov. 4, 2002). この制度は年間所得 6 万 6000 ドル以下の納税者に無料で提供される。IRS, *About the Free File Program* (Nov. 21, 2018), https://www.irs.gov/e-file-providers/about-the-free-file-program (https://perma.cc/L5CL-X4ZG).

20. Gupta, supra note 17, at 30–31.

21. 事例の一部は以下より引用した。OIRA's Information Collection Dashboard. *Information Collection Review Dashboard*, OIRA, https://www.reginfo.gov/public/jsp/PRA/praDashboard.myjsp?agency_cd=0000&agency_nm=All&reviewType=EX &from_page=index.jsp&sub_index=1 (https://perma.cc/8X7M-9RHE). スラッジ削減あるいは情報収集全般に興味がある読者は、ダッシュボード（学者の多くは無視する）に注目するとよい。

22. Data.gov ではアメリカ政府が有益な情報を大量に提供しており、その大部分は情報収集要求を通じて得られたものである。

第 6 章

1. Matthew Edwards, *The Law, Marketing and Behavioral Economics of Consumer Rebates*, 12 Stan. J.L. Bus. & Fin. 362, 419–421 (2007).

2. Id. at 108.

3. Joshua Tasoff & Robert Letzler, *Everyone Believes in Redemption: Nudges and Overoptimism in Costly Task Completion*, 107 J. Econ. Behav.& Org. 107, 115 (2014).

4. 2012 年 8 月 9 日、キャス・サンスティーン OIRA 室長による行政機関長への、連邦政府用書類の検証と簡素化に関する指示書。https://obamawhitehouse.archives.gov/sites/default/files/omb/inforeg/memos/testing-and-simplifying-federal-forms.pdf.

5. *Inconsistent, Duplicative Regulations Undercut Productivity of U.S. Research Enterprise; Actions Needed to Streamline and Harmonize Regulations, Reinvigorate Government-University Partnership*, Nat'l Acads. Sci., Eng'g, & Med. (Sept. 22, 2015), https://www8.nationalacademies.org/onpinews/newsitem.aspx?RecordID=21803.

6. Nat'l Acads. of Sci., Eng'g, & Med., Optimizing the Nation's Investment in Academic Research: A New Regulatory Framework for the 21st Century (2016), https://www.nap.edu/catalog/21824/optimizing-the-nations-investment-in-academic-research-a-new-regulatory.
7. OIRAは審査中の情報収集要請について公式見解を出している。学者をはじめ多くの人がもっと注目すべき情報だ。Information Collection Review Dashboard, OIRA, https://www.reginfo.gov/public/jsp/PRA/praDashboard.myjsp?agency_cd=0000&agency_nm=All &reviewType=RV &from_page=index .jsp&sub_index=1 (https://perma.cc/PD5L -9BNJ).
8. たとえば以下を参照。2018年8月6日、ネオミ・ラオ OIRA室長による最高情報担当官への指示書。https://www.whitehouse.gov/wp-content/uploads/2018/08/Minimizing-Paperwork-and-Reporting-Burdens-Data-Call-for-the-2018-ICB.pdf (https://perma.cc/KF9L-N6NZ), 以下、2018年8月6日、ネオミ・ラオ OIRA室長による指示書と表記する（政府機関に対するデータ収集のための書類手続負担の簡素化要求を含む）; 2012年6月22日、キャス・サンスティーン OIRA室長による行政機関長への指示書。https://www.transportation.gov/sites/dot.gov/files/docs/OMB%20Memo%20on%20Reducing%20Reporting%20and%20Paperwork%20Burdens.pdf. 以下、2012年6月22日付キャス・サンスティーンによる指示書と表記する（同）。
9. 2010年4月7日、キャス・サンスティーン OIRA室長による省庁、行政機関、独立規制機関の長への指示書。https://www.whitehouse.gov/sites/whitehouse.gov/files/omb/assets/inforeg/PRAPrimer_04072010.pdf (https://perma.cc/D3VW-ZD8T).
10. 上記注8、2012年6月22日付キャス・サンスティーンによる指示書。
11. Id.
12. 上記注8、2018年8月6日、ネオミ・ラオ OIRA室長による指示書。2015年9月15日、ハワード・シェランスキ OIRA室長、ジョン・P・ホルドレン科学技術政策室長による省庁、行政機関、独立規制機関の以下の指示書も参照。https://obamawhitehouse.archives.gov/sites/default/files/omb/inforeg/memos/2015/behavioral-science-insights-and-federal -forms.pdf (https://perma.cc/M8MX-9K6C)（書類作成負担を削減するための取り組みに置いて、行動科学の活用を推奨している）.
13. *SmartForms*, Australian Gov't, Dep't of Indus., Sci., Energy, & Res. (Feb. 3, 2020), https://www.industry.gov.au/government-to-government/smartforms.
14. 上記注8、2012年6月22日付キャス・サンスティーンによる指示書を参照（とりわけ多くの負担を課している省庁に200万時間、それ以外のすべ

ての政府機関に5万時間の書類作成負担の削減を推奨している)。
15. Dep't of the Treasury Off. of Econ. Pol'y, Council of Econ. Advisers, Dep't of Labor, Occupational Licensing: A Framework For Policymakers (July 2015), https://obamawhitehouse.archives.gov/sites/default/files/docs/licensing_report_final_nonembargo .pdf (https://perma.cc/67Z3-26CV)(連邦政府には州および自治体政府の関係者を招集し、さまざまな形態のスラッジ撲滅を推奨する能力があることを示している).
16. Pac. Nat. Cellular v. United States, 41 Fed. Cl. 20, 29 (1998).
17. 42 U.S.C. § 706.
18. Cass R. Sunstein, *The Regulatory Lookback*, 94 B.U. L. Rev.579, 592–596 (2014).
19. 書類作成負担は税の一種とみなすこともでき、増税が必要な分野があるのも事実だ。たとえば規制の一環としてタバコ会社に課せられている書類作成負担を考えてみよう。一般的にコスト最小化が好ましいことだとしても、有害な活動に課せられた税金のようなものを削減するのは必ずしも好ましくない、と考えるのは見当違いではないだろう。OIRAはタバコ会社に課せられている書類作成負担の軽減に努力する必要はないかもしれない。これは確定的結論ではなく、あくまでも問題提起である。
20. 関連する議論として以下を参照。David Weisbach, Daniel J. Hemel, & Jennifer Nou, *The Marginal Revenue Rule in Cost-Benefit Analysis*, 160 Tax Notes 1507 (2018).

スラッジ
不合理をもたらすぬかるみ
2023年1月20日　初版印刷
2023年1月25日　初版発行
*
著　者　キャス・R・サンスティーン
訳　者　土方《ひじかた》奈美《なみ》
発行者　早　川　浩
*
印刷所　株式会社亨有堂印刷所
製本所　大口製本印刷株式会社
*
発行所　株式会社　早川書房
東京都千代田区神田多町2−2
電話　03-3252-3111
振替　00160-3-47799
https://www.hayakawa-online.co.jp
定価はカバーに表示してあります
ISBN978-4-15-210204-1　C0033
Printed and bound in Japan
乱丁・落丁本は小社制作部宛お送り下さい。
送料小社負担にてお取りかえいたします。

ハヤカワ・ノンフィクション

実力も運のうち　能力主義は正義か？

THE TYRANNY OF MERIT

マイケル・サンデル
鬼澤 忍訳
46判上製

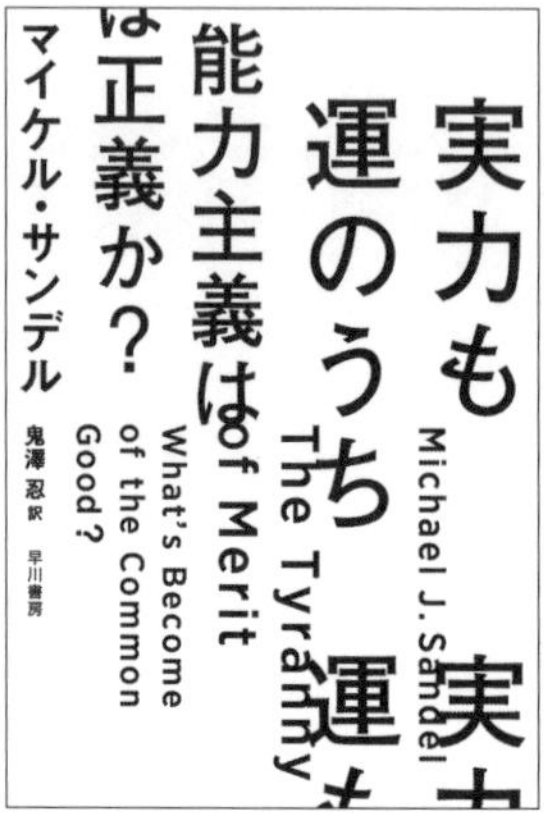

サンデル教授の新たなる主著！

出自に関係なく、人は自らの努力と才能で成功できる——こうした能力主義《メリトクラシー》の夢は残酷な自己責任論と表裏一体であり、勝者と敗者の間に未曾有の分断をもたらしている。この難題に解決策はあるのか？　ハーバード大の超人気教授の新たなる主著。解説／本田由紀